金师起点·家庭教育书系

智慧父母
和孩子一起成长

童诗博◎著

中国财富出版社

图书在版编目（CIP）数据

智慧父母：和孩子一起成长／童诗博著．—北京：中国财富出版社，2016.8

（金师起点·家庭教育书系）

ISBN 978－7－5047－6158－3

Ⅰ．①智…　Ⅱ．①童…　Ⅲ．①家庭教育—普及读物　Ⅳ．①G78－49

中国版本图书馆 CIP 数据核字（2016）第 117859 号

策划编辑　宋　宇　　**责任编辑**　齐惠民　于晨苗

责任印制　何崇杭　　**责任校对**　杨小静　张营营　　**责任发行**　敬　东

出版发行　中国财富出版社

社　　址　北京市丰台区南四环西路 188 号 5 区 20 楼　**邮政编码**　100070

电　　话　010－52227568（发行部）　010－52227588 转 307（总编室）

010－68589540（读者服务部）　010－52227588 转 305（质检部）

网　　址　http：//www.cfpress.com.cn

经　　销　新华书店

印　　刷　北京京都六环印刷厂

书　　号　ISBN 978－7－5047－6158－3/G·0651

开　　本　710mm×1000mm　1/16　　**版　　次**　2016 年 8 月第 1 版

印　　张　11.25　　**印　　次**　2016 年 8 月第 1 次印刷

字　　数　144 千字　　**定　　价**　32.00 元

内容简介

家长教育孩子的过程，其实也是父母自我成长、自我疗愈的过程。世界上没有偶然，只有必然。作为家长，要带着一颗愿意学习的心和一颗愿意改变的心，不断学习、不断成长，努力成为引领孩子健康成长的高素质父母！

推荐序一

第一次见到童老师是在柔兰女社组织的《女性领导力》培训课堂上。那是五年前一个周末的早上，我在逛街的时候接到好朋友的电话，说她在参加《女性领导力》的培训，培训的老师课程讲得很精彩。然后我就赶过去看看这位好朋友，顺便听一会儿课。当天课程的主题是“卓越的沟通艺术”，本来我想听一会儿就走的，没想到讲课的老师把心理学的内容讲得如此深入浅出，简单实用，让我彻底改变了对心理学的看法。不知不觉我就听完了一天的课程，而当天讲课的就是童诗博老师。

接着我又参加了童老师的“智慧父母工作坊”课程。作为两个孩子的妈妈，过去在教育孩子的问题上遇到过很多的困惑，在童老师的“智慧父母工作坊”课程里，我系统地学习了教育孩子的理念及各种实用的方法，过去很多的困惑都找到了原因和解决的方法，使我作为一位母亲，内在慢慢地充满了自信和力量。后来，我又参加了童老师“TTT 讲师技能提升培训”课程，之后更成为“智慧父母工作坊”的助教，为自己的心灵打开了一扇成长之门！

这次欣闻童老师为了让更多的父母受益，把“智慧父母工作坊”课程的精华写成书出版，我觉得这是很多有缘读到这本书的读者的福分。童老师在《智慧父母》这本书里有大量关于跟自己孩子互动的案例，读者可以直接借用到孩子的教育上。

社会上大多数职业，上岗前都需要培训，可是我们在做父母之前，大多没有学过如何做父母，往往是自己的父母如何教导我们，我们也如何教导我们的孩子。所以，我们会发现，很多习惯就像会遗传一样，代代相传。我觉得《智慧父母》这本书是让我们补上如何做父母这门课程，是每一个有责任心的父母都值得读的一本书。

最后感谢童老师对我的信任，同时我也很高兴、很真诚地为各位读者推荐《智慧父母》这本书，或许《智慧父母》这本书将开启你生命的幸福之窗！深深地感激，深深地祝福！

宁波朝鹿文化传播有限公司董事长

王玉萍

推荐序二

第一次与童诗博先生相遇是在上海高校组织的约翰·贝曼博士的“萨提亚家庭治疗模式专业课”培训班上。我对童先生的第一印象是博学、严谨、干练、聪明，接触后，更发现童先生的细腻、柔情、胸怀和慈悲。后来知道童诗博先生不仅有十多年的专业经历，自己的生命经历也颇丰，对人生深有感悟！

老子曰：“天下有始，以为天下母。既得其母，以知其子；既知其子，复守其母。”老子是拿母子关系来做隐喻，我们在这里且看本义，看父母对孩子的影响。一个人与父母的关系是其他一切关系（与自己、朋友、伴侣、同事、健康、事业、金钱等）的基础和模板。父母就是孩子的人生导师，不是唯一的，但是最初的，最重要的。大家都知道亲子之间的互动从孩子的婴幼儿时期就起着潜移默化的作用，基本决定了孩子以后的行为模式、性格养成等。小到身心健康，大到价值观、人生观的建立，亲子关系对小朋友的影响之广泛，难以想象。

童诗博先生将中国传统文化儒释道的精华与目前国际上最领先的西方心理技术结合，并且融会贯通，形成自己有效的体系。本书从孩子成长过程中自我价值、安全感、成就感等方面入手，从父母对孩子的引导模式、因时施教、情绪教育、亲子沟通几个方面，全面、系统地介绍了亲子关系的各种技巧，为家长正确处理亲子关系提供了一种简单易学而又极具可操作性的参照模式。

“言传不如身教”，要想孩子有所不同，家长必须先在自己的言谈、行为和情绪表现方面有所不同。要做到这些不同，家长就要觉察自己的内在，清楚自己的想法，认识自己的情绪，管理自己的期待，满足自己的渴望，丰富自己的生命。自己不改变，而只想去改变孩子的家长是不会成为成功的家长的。孩子不是一件物品，不是一台机器，而是一个独一无二的生命——鲜活的生命。每个孩子都具备使自己拥有一个成功快乐的人生所需的全部能力，家长只不过是帮助他把这份能力有效地释放出来。

现在，我邀请你也进入一段成长之旅！

武汉同道心灵创始人

梁　军

序　言

当你打开这本书的时候，请先问自己这样一个问题：你为什么选择了这本书？或许是教育孩子遇到了困惑，希望学到更好的教养方式；或许是希望孩子的人生更幸福快乐，希望自己能成为更有智慧的父母……

或许这些理由都客观存在，可是我想告诉你的是：这些可能都是浅层次的理由。那么，深层次的理由是什么呢？如果你愿意，我将带你一起进入一段心灵之旅，一起去探索教育孩子更深层次的意义。

请你慢慢闭上眼睛，以最放松的姿势坐在椅子上。留意你的呼吸，每一次的吸气，想象把空气里最新鲜的氧气吸到你身体里，去感觉你的身体更加地充满活力；每一次的吐气，想象把你身体里的所有的负面、所有的疲惫都吐出来，同时去感觉你的身体越来越放松，精神越来越专注。

现在想象你来到公园里的一片草坪前面，你看到草坪绿绿的，小草浓浓的、厚厚的，就像柔软的毯子一样。你走上去，感觉脚下软软的、柔柔的。你在草地上坐下来深深吸一口气。

你感觉到自己全身都非常放松。你抬起头，看到蓝天白云，你感觉自己有一种要被融化的感觉，你感觉自己好像要被融化在美好的大自然中。请你认真体验这种和大自然融为一体的感觉，感觉整个身心的变化。

现在想象草坪的前方有一部通向地下室的电梯，你很好奇，你站起来，慢慢地走进电梯。当电梯门关上的时候，你按下了地下十层的按钮。然后电梯就开始下降，每下降一层，你就更加放松；每下降一层，你就更加好奇。

地下一层，二层，三层……直到地下十层，然后电梯门开了，你带着好奇慢慢地走出电梯。我想请你去看前面五米的地方，有一个小孩，这个小孩不是别人，而是小时候的你自己。我想请你去看清楚他（她），他（她）那时候大概几岁？穿着什么样的衣服？他（她）的发型怎么样？他（她）的心情怎么样？是快乐的，还是忧伤的？是开心的，还是孤单的？

我想请你用心地看着他（她），然后去体会此刻你内心的感受，当你看着这个小孩的时候，你有什么样的感受呢？或许有些心疼，或许有些悲伤，或许有些内疚，或许……

现在，我想邀请你从心里面散发出一份浓浓的爱，想象将这份浓浓的爱，从你的心里传递到这个孩子的心里，用这份浓浓的爱源源不断地去滋润这个孩子的心田。然后，你去观察这个孩子收到这份爱后脸色和心情的变化。

我想再次邀请你走上前去，走到小时候的你自己面前，拉住他（她）的小手，看着他（她）的眼睛，对他（她）说：“对不起，这么多年来我一直忽略了你，请你原谅我！今天我终于看见了你，我向你承诺，从今天开始，我会好好爱你！”

我邀请你再上前一步，张开你的双臂，紧紧地抱住小时候的你自己，那个你从未拥抱过的自己，带着爱，带着疼惜，带着感激。请你用你的心去感受那一颗幼小的心灵，那是一颗孤单的心灵，那是一颗曾经经历过无数次的失望而受伤的心灵，那是一颗渴望爱的心灵！

请你在心里面，用你的爱源源不断地去温暖那颗渴望爱的心灵，去感受那颗幼小的心，让它完完全全跟你的心融合在一起！用五分钟的时间，把你的爱从你的心灵流淌到那个小孩的心灵……

该到告别的时候了，请你慢慢地松开你的手臂，看着小时候的你自己的眼睛，带着深深的依恋，向他（她）告别：“我今天很开心看见了你，我会好好爱你，好好珍惜你！现在我要暂时离开，但是我向你承诺，只要你需要，我随时回来看你，请你相信我！”

然后你转身，再次跟小时候的你自己告别，慢慢地走到电梯口，走进电梯。电梯往上运行，来到一楼，门开了，你走出电梯，感觉阳光很灿烂，微风吹来，很温馨！你回到当下的自己。

生命中没有偶然，只有必然，或许你偶然打开这本书，其实是你内心的那个小孩对你的呼唤，呼唤与你的遇见！

童诗博

2016 年 6 月 10 日

目　录

Contents

第一章　提升孩子自我价值——一个中心

教育孩子的终极目标是什么？希望孩子有一个快乐与成功的幸福人生！幸福是一种主观的感受，感受幸福是一种能力，而这种能力跟金钱、地位没有必然的联系。如果要给这种感受能力寻找一个衡量指标的话，那么这个指标就是“自我价值”。

自我价值就是一个人认同自己的程度，用三个词来表达，就是自尊、自信、自爱！0 ~7 岁是人感受爱的阶段，也是自我价值建立的重要阶段，自我价值的建立来自家庭。7 ~14 岁的孩子的自我价值的建立主要来自学校、老师、同学。

第一节　了解我们自己，了解我们的孩子

格鲁吉亚儿童心理学家、教育家阿莫纳什维利说：“没有儿童的顽皮，没有顽皮的儿童，就不能建立真正的教育学。顽皮是儿童可贵的品质，需要的仅仅是加以引导。儿童教育的要点不是去压制顽皮，而是去改造它。”

有人问我："老师，你培养孩子有什么秘诀呢？"

我的回答是："我只是让孩子享受成长的快乐。这种快乐是孩子成长的基础，并可以促进孩子一生的精神健康。"我始终坚信，每个儿童都具有自我发展的潜能，只要父母正确引导，儿童会通过游戏、活动、学习、做事、工作等方式促进自我的成长。

近代著名儿童心理学家让·皮亚杰说，孩子的智力和心理发展有一些不平衡的阶段，这些阶段所处的年龄跨度和发展顺序是人力无法改变的。每个孩子都是一个有生命的、独立的个体，他有自己的意志和精神，他的成长是一个自我的生长过程，任何别的人都是无法代劳的，任何外部环境都不能彻底改变他，我们只能尽量提供好的条件和环境，满足他，顺应他，引导他。

教育不是强行把一些能力从外面放到人这个容器里面去，这些能力在人性中本来就已经存在了，教育只是提供一个良好的环境，让孩子自然简单地生长。孩子学习任何东西，最终都要通过自己来内化，最好的教育方式是无为而无所不为，不教而教。

1. 身体和思想

读者朋友们，欢迎你们走进我的生命，也感谢你们能够为自己的生命迈出新的一步，因为这不仅仅是一本教育孩子的书，更是关于我们自己生命成长的课题。

生命中有很多次偶然的机会，就像你偶然地翻看这本书。可是生命中从来都没有"偶然"，生命中每一个"偶然"的背后，一定是必然会发生的，只是凭我们现在的大脑智慧，不知道背后的原因是什么。我们暂且把这种原因叫缘分！就像我们的孩子，他（她）也不是无缘无故来到我们的家庭，背后肯定有很深的缘分。所以，当我们这么想的时候，我们就能珍惜每一个遇见的人。活在当下，珍重身边的每一个人，或许每个走进我们生命的人，都是来帮助我们更加完善自己生命的！

此刻我想请你去感受一下每一个走进你生命的人，去感受一下你的孩子，感受一下你自己的内心。或许你现在的内心跟几分钟之前有很大的变化，为什么短短的几分钟时间内心会有这么大的变化呢？接下来我们从心理学的角度，了解一下我们和孩子行为背后的动力是什么。

如果把人分成两个部分的话，可以分成身体和思想。人与人最大的区别不是身体的区别，而是思想的区别。因为身体器官结构都差不多，可是为什么有人很幸福，有人很痛苦，有的人很成功，有的人很失败？那是因为思想的不同。可是我们能不能掌控我们的思想呢？

有人说可以，有人说不知道。下面我们做一个互动，看你能不能掌控自己的思想。

互动练习

现在请你闭上眼睛，我邀请你现在不要去想一只猫，不要去想一只黑色的猫，不要去想一只只有三只脚的黑色的猫。

你有没有去想呢？

或许，你越是努力在大脑中不想一只猫，一只猫却偏偏出现在你的大脑里；你越是不去想一只黑色的猫，黑色的猫却出现在你的大脑里；你越是不去想一只只有三只脚的黑色的猫，一只只有三只脚的黑色的猫却出现在你的大脑里。

这是怎么回事，我们的思想到底怎么回事？难道思想不是我们掌控的吗？

其实思想分为两部分：一部分叫作意识思维；另一部分叫作潜意识思维。意识思维就是平常我们所说的理智的部分。比方说，我知道什么想法是正确的，应该去做；可是我也知道，应该去做的事情自己经常做不到。

这样的例子太多了，有学员经常对我说："我知道每天6点钟起床，然后跑步半个小时，对身体一定有好处。可是，早上6点起床的时候，我又会出现'天这么冷，天还这么黑'的想法，我就多睡了一会儿。"

知道但是做不到，有些孩子也一样。有些孩子不愿意去读书，可是他们知道应该去读书，不过，当那一份情绪出来的时候，他们就决定不去了。

我认识一个孩子，读到初二的时候就不愿意去上学了。他的父母非常地焦虑，给他讲了很多的道理。这个孩子不忍心看到父母这么难过，答应父母第二天去上学，可是当第二天早上起来穿好衣服，吃完饭，他就不愿意去了。大脑知道应该去读书，但是知道是没有力量的，真正的力量来自哪里呢？来自我们潜意识里的感受。

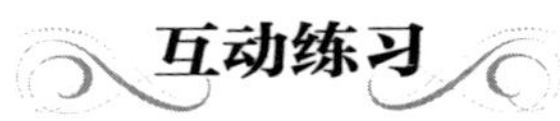

互动练习

（1）人的思想由哪两部分构成？

____

____

(2) 通过举例来说明，意识不能控制行动，而潜意识能控制行动，并分析其中的道理。

2. 潜意识

潜意识是指人类心理活动中，不能认知或没有认知到的部分，是已经发生但人们并未达到意识状态的心理活动过程。潜意识包含了非常丰富的内容，它有很多我们小时候形成的信念，有很多自动化模式的习惯，更有丰富的情绪和情感。

情绪和情感是潜意识中很重要的内容，同时也是推动一个人行为的内在动力。人是感受动物，不是说我知道就会行动，因为理性是苍白无力的，真正推动一个人行动力的是感觉、感受的部分，所以“我知道、我应该”的部分经常做不到。有很多时候知道只是大脑里面的知道，但并没有感觉到，所以会出现“天这么冷，我就不起床了”的情况。

任何的行动都是由感觉来推动的，只是有时候我们没有觉察到细微的感觉。很多我们知道应该做的事情经常做不到，可是很多知道不应该做的事情却因为冲动而去做了。控制不住的情绪都是从潜意识中出来的，所以潜意识也叫作人生的“自动导航系统”。

很多时候，我们会跟孩子说教，如果孩子不愿意听，或者他（她）听了你的说教心情不好，这样的结果是，虽然他（她）表面上可能会服从你，但是在他（她）的内心深处是不会真正去改变的。所以如何跟孩子谈话，让孩子感觉良好，从而去主动行动，是作为父母要去努力学习的。

我们如何有意识地运用潜意识，让潜意识更好地为我们的人生服务呢？

意识相当于一个守门员，它是防卫系统，所以当一个人理性的时候总是处于防卫状态的。潜意识是全然开放、全然接受的，它没有判断、没有防卫，什么东西都接受。但是怎么让语言或者正面的信息通过意识的防卫到潜意识呢？其实有三种方法，可以绕过意识的防卫直接进入到潜意识。

（1）重复

重复重复再重复……当一个重要的理念在你的大脑里不断重复的时候，它就会通过意识的防卫进入潜意识。

这里我举个最简单的例子：我们都知道广告，广告为什么具有很强的宣传作用？就是因为它能进入人的潜意识，改变人的行动。厂家舍得花那么多钱去做广告，原因就在这里。比如我们印象很深刻的广告“脑白金”。以前“脑白金”的广告是“今年过年不送礼，送礼就送脑白金”，现在是

“今年过节不收礼，收礼只收脑白金”。

以前我每天打开电视机，就是“脑白金”的广告，不想看了，换个台还是“脑白金”。因为看得多了，就很讨厌它。可是，这则广告每天重复，每天重复，正面的信念每天重复，每天重复，就进入了我们的潜意识。

案例分享

有一天，我有一个朋友生病了，我到一家商店去买礼品准备去看望他。可是这个商品不认识，那个商品不熟悉，看到“脑白金”，大脑突然感觉“就是它了”，不知不觉，我就买了“脑白金”送给朋友。

我明明有点讨厌它，可是我还是买了它，这表面上看是广告的厉害，其实是重复的厉害，广告每天重复重复再重复，这种重复在你的大脑里形成了一个程序，外面一旦有这种情况出现，程序就会运行。就像我们在电脑里安装了一个软件程序，一旦外在有跟这个软件相关的信息，它就会被用到。

潜意识会在重复又重复的环境下，逐渐从意识变成潜意识。孩子的教育，也是在家庭这个环境下的重复。不断地重复重复再重复，爸爸妈妈怎么说的、怎么做的，久而久之会成为孩子的潜意识。你很讨厌妈妈的唠叨，偏偏你长大以后，你也变成了妈妈的样子。身教重于言传，父母的一些行为，时间久了，不知不觉就影响到了孩子，所以家庭环境特别重要。

为什么说父母对孩子的教育很重要，因为孩子是一张白纸，他越小，父母不断在做的事情对他的影响就越深。

案例分享

以前我在保险公司当总经理的时候，有一段时间我们开夕会，一个小时的时间。我们有一个业务员，他的孩子只有五六岁，由于没有人带，所以这个业务员就经常带着孩子参加我们的夕会。

有一次，他爸爸妈妈带他去商场，他看到一个玩具，说："妈妈我要这个。"

妈妈说："家里已经很多了。"

他说："我一定要。"

"不许买。"

"我一定要。"

"不许买。"

他马上立正，敬了一个礼，说了一句话："我曾经成功过，也曾经失败过，但我从来没有放弃过。"

因为保险公司夕会结束的时候常喊这句口号。重复重复再重复，结果就成了潜意识，所以说环境很重要。

一个人的层次怎么样，看他周围的朋友怎么样，就可以知道这个人的层次怎么样。你有什么样的朋友圈子，就决定你是什么样的人。

我们教育孩子说："你要和好学生一起玩。"我们自己也是一样，跟正面的人在一起，我们会变得越来越乐观；跟经常抱怨的人一起，我们也会变得越来越悲观。

所以，正面的重复是非常有利的。重复重复再重复，在不断重复的时候，正面的信念就变成了你自己信念的一部分，进入了你的潜意识。

互动阅读

以下是我总结的作为智慧父母必须拥有的十大信念，如果你每天读一遍，不断重复，从而进入到你的潜意识中，它将变成你生命的一部分。

①家长送给孩子最好的礼物，是自我不断学习，不断成长，努力成为能引领孩子健康成长，能给孩子选择权的高素质的父母。

②要孩子改变，由自我改变开始；要爱人改变，由自我改变开始；万物改变，由自我改变开始。

③孩子是你的一面镜子，镜子永远都没有问题。如果有问题，一定是父母的问题。孩子的每一次问题呈现，都是父母成长的机会。

④人类并不会依其所知道而行动，去获取他们想要的成果。他们是会依照感受去行动。

⑤父母跟孩子的关系跟孩子未来的幸福指数成正比。

⑥孩子不愿意为父母命令他们做的事情负责任，而愿意为他们自己的选择负责任。

⑦没有人可以为你的幸福负责，除了你自己。

⑧接纳自己的有限，接纳别人的有限，你的世界是无限的。

⑨停止埋怨，停止比较，心存感恩。

⑩焦点在哪里，效果就在哪里。

（2）强烈的情绪

进入潜意识的第二种方法就是直接在强烈的情绪和感受中体验，因为感受和情绪本来就在潜意识中。如果有一个三岁的小孩，你告诉他水杯很烫，不要去碰，可是他对烫没有概念，还是会很好奇地用手去碰，直到被杯子烫了以后，他再也不敢去碰热的水杯了，因为痛是一种感受，在痛这种感受里，他学会了什么叫“烫”。

我们从小学开始读书到大学毕业，读了这么多年的书，经历了无数次的考试，可是中学里的一些数学公式你记住的还有多少？而你生命中曾经让你非常感动的事情，你一定不会忘记吧！

你一定不会忘记你的初恋，你一定不会忘记第一次牵手的感觉，你一定不会忘记生命中那些刻骨铭心的事情，因为这些感受都深深地刻在你的潜意识中。

所以第二个进入潜意识的方式就是强烈的情绪，它可以直接进入你的潜意识中。

（3）催眠

什么叫作催眠？催眠其实不是让人睡觉，催眠只是通过一些语言的诱导，让人放松，让人专注。当一个人放松和专注的时候，意识放下了防卫，潜意识就开放了。

也就是说，当意识放下防卫的时候，直接给潜意识一些正面的暗示，这个叫做催眠。催眠是打开潜意识最容易的方法，也是开发潜能最有效的方法。催眠可以立即改变一个人，催眠可以在 1 或 2 个小时之内改变一个人几十年根深蒂固的坏习惯或心理障碍。

案例分享

有一个催眠师把一个病人催眠了，然后催眠师拿着冰块在这个病人的手上蹭了一下，告诉这个人，这是刚从火炉烧出来的木炭。当催眠师把这个病人叫醒后，这个人竟然有被烫伤的感觉，因为催眠使这个人的潜意识相信了刚才蹭到他的是木炭。

曾有人说："在我所知道的开发潜能的方法中，催眠是最有效、最快速的方法。"催眠可以立刻改变潜意识，从而改变一个人的行为，改变一个人的一生。

下面我们来做一段小小的催眠体验：

现在请你以最轻松的姿势坐在椅子上，慢慢闭上眼睛。留意你的呼吸，你的每一次吸气，你的每一次吐气。想象每一次吸气的时候你把空气里最新鲜的氧气吸到你的身体里，这样你的身体更加地充满活力；每一次吐气的时候，想象你把身体里所有的疲惫、所有负面的东西都吐出来，这样你的身体就更加健康。

现在我想邀请你把双手伸到头顶，五指展开，指尖向上。现在想像天上洒落了很多金黄色的"智慧"，你通过指尖去接触了金黄色的"智慧"，"智慧"通过你的指尖进入你的手心、手臂，直到进入你的身体。想象源源不断的"智慧"进入到你的身体，深深地吸一口气，这么多的"智慧"在你的身体里弥漫，从今天开始，你拥有了更多的智慧；从今天开始，你拥有了更多的能力和方法来教育孩子；从今天开始，你的人生将变得更加幸福！

深深地吸一口气，慢慢地睁开眼睛，感觉一下你的变化……

3. 人类的理解层次

下面，我们再从另一个角度来了解一下我们自己。下图是罗伯特·迪尔茨在1991年总结出的，罗伯特·迪尔茨是美国加州大学的一个心理学教授，他说："我们每一个人就相当于住着六层楼，可是，我们经常会在下面三层楼里走，上面三层楼从来没有去过，甚至没有去开开窗户，上面三层楼都积满了灰尘。而真正影响我们人生的正是上面三层楼，因为上面三层楼基本上是在潜意识里，下面三层楼基本上是意识的层面。"

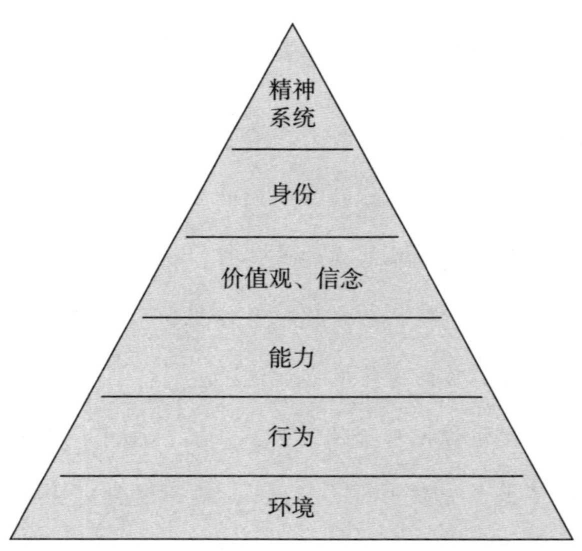

第一层是环境，第二层是行为，第三层是能力，属于意识层面的。

什么叫环境？比如说我有什么样的学历，我拥有什么样的资源，什么样的人际关系，金钱、时间、地点、人物，这些都是环境。

行为就是我每天在做什么事情，我每天是如何度过我的时间的，我是如何度过我的人生的，所以行为管理就是时间管理，时间管理就是生命管理。我经常给朋友分享，我们要管理好自己的行为，因为那是在管理我们的生命，那我们如何管理好我们的行为呢？

第一，做你喜欢的事情，并且这件事情要符合“我好，你好，世界好”的原则。

第二，做跟目标有关的事情。

第三，做跟成长有关的事情。

如果一件事情，既不是你喜欢的，又跟你的目标和成长没有关系，而你又花时间去做了这样的事情，这样的时间就变成了你生命中的垃圾时间。扪心自问，我们生命中有多少时间是在垃圾时间中度过的？

能力就是我拥有什么样的做事能力，比如：沟通能力、写作能力、演讲能力等。

环境、行为、能力是我们相对比较熟悉的，因为这三个层次基本上都在意识的层面，那再往上面走，真正影响我们人生的是上面的三个层次。

上面第一个是信念价值观，价值观就是你觉得什么东西最重要，价值观是我们行动、悟性、潜意识自动判断的唯一标准。

比如，有人说：“今天我没空来参加培训，因为今天我要陪儿子去学小提琴。”

有空跟没空只是表象，背后都是价值观的比较。当你觉得儿子学小提琴比培训更重要，你就会没时间来参加培训；如果你觉得参加培训比儿子学小提琴更重要，可能你就会向小提琴老师请假。你的每一次决定，每一

次行为都是你潜意识中价值观的比较。

一件事情会被不同的人赋予不同的意义，所以会对人产生不同的影响。在对孩子的教育上，我们要拥有赋予其正面影响的能力。

案例分享

我儿子在小学六年级的时候，每周日要去补习班学习，每次要学习8个小时。我一开始很担心孩子会不会不愿意去学习，可是后来我发现，儿子每次去补习班都很开心。我觉得非常好奇，就去了解为什么，后来我发现补习班的刘老师非常了不起，因为她把很多事情赋予了正面的价值和意义。

我儿子刚去补习班的时候，因为是中途插班，所以没有了正常的座位，只剩下老师讲台旁边的一个座位，也就是没有课桌，他的课桌就是老师的讲台，这本来是一件负面的事件，可是刘老师就跟我儿子说：“你知道吗，这是刘老师的贵宾座位，刘老师专门给最聪明的孩子坐的。”

儿子就因为这句话，每次去补习都很开心。即使后来有其他正常座位空出来，他也不愿意去，在这个VIP位置上很开心地坐了一年。

我们再讲信念。信念一部分是在意识层面，但是真正影响我们的一些信念都是在潜意识里面。你不知不觉的一些信念对你影响特别大，大部分影响你人生的信念都是童年输入的信念，因为小孩子潜意识是完全开放的，理性没有完全发育成熟。人年龄越小潜意识越开放，越容易被暗示，一句话可能影响他一辈子。

在这里我想谈谈对钱的信念。一个人赚不到钱，不是他能力有问题。因为我们看到很多人很有能力，可就是赚不到钱，做生意快成功的时候却失败了。赚钱的事情不是能力的问题，而是信念的问题。赚不到钱的人，很可能是因为他童年对钱有负面的信念。

案例分享

我儿子在上幼儿园的时候，我给他做了一个身份的暗示，有一次我问他："浩浩，你知道你是谁吗?"他说："不知道"。我说："你是佛祖最喜欢的孩子，被佛祖送到我们家的。"他说："那其他小朋友呢?"我说："其他小朋友也是佛祖的孩子，只是他们自己不知道。"

2012 年，有个谣言说是世界末日到了，那时候我儿子读小学四年级，小学生都很恐慌，很焦虑。我儿子带着恐慌的心情来问我："爸爸，世界末日到了，我们该怎么办?"我说："浩浩，这是个谣言，即使这是真的，也没有关系，因为你是佛祖最喜欢的孩子，佛祖一定会把你带到最安全的地方。"这么一说，他就放松了。

读小学五年级的时候，有一次他考试考了第一名，他喊出了他的自我身份定位："我是个尖子生!"从这以后，他的成绩一直名列前茅。

最高的一个层次就是系统，系统对人的影响就更大了。我们所在的国家是一个系统，我们所在的单位是一个系统，而对我们而言最小的一个系统，也是对我们影响最大的一个系统就是我们的原生家庭系统。

母亲代表的是亲密关系，如果你跟妈妈缺乏亲密感，那你跟伴侣、跟小孩也很难真正地亲密，因为你从来没有学习过如何亲密。

父亲代表的是力量，如果你跟父亲没有连接好，那么你就会缺少力量。父亲也代表权威，如果你很怕父亲，长大以后你就会很怕权威。

一个很怕权威、很怕领导的人，容易成功还是不容易成功呢？一定是不容易成功。所以，特别是男人，跟父亲没有连接好，这一辈子事业要成功挺难的。

我们都在追求幸福快乐的人生，但是一个人要获得真正的幸福、快乐，只有一条路，那就是回家的路，就是回到原生家庭跟父母真正地连接。

可能有些孩子在意识的层面可能会恨父母，或者对父母很冷漠，但是每个孩子在潜意识深处都对父母有一份很大的爱和尊重。如果孩子跟父母关系不好，意识恨父母，潜意识会内疚，人生就会混乱，所以人生就很难真正地幸福。

我们经常可以看到一些凄美的爱情故事，两个人很相爱，可是父母不同意。最终两个人冲破传统的牢笼，为爱情私奔了。这样的爱情看上去很美，可是心理学家研究跟踪，如果父母不祝福、不同意的婚姻，大部分最后都是不幸福的。这是为什么呢？因为在他们的意识层面因为父母不同意而恨父母，但是在潜意识层面每个孩子都对父母有一份很大的爱。所以，当他们意识到恨父母的时候，潜意识会内疚，而潜意识又会引发一些事情让婚姻失败，这样潜意识才觉得对得起父母。

因为孩子的成长跟父母之间的关系这么重要，所以，我们要不断学习、成长，不断改变自己。因为当我们改变的时候，我们整个家族就改变了；因为如果我们没有改变，关系就在一代一代地复制，我们今天跟父母关系，就决定未来我们跟孩子的关系。同时我们也是孩子的原生家庭，如果孩子跟我们关系不好，未来他们的人生就很难真正地幸福。所以我们跟孩子的关系本身比孩子的成绩更加重要！所以改变整个家族的使命从我们自己来做起。

本节阅读体会

第二节　感受自我价值认同

自我价值就是一个人对自己的认同程度，用三个词来表达，就是自尊、自信、自爱。自我价值是一个人心理健康的重要指标，一个人的幸福指数跟一个人的自我价值成正比，所以，自我价值也是孩子培养的第一大目标。

自我价值高的人，非常相信自己，外在事件对他内心的影响相对比较小，因为不管别人怎么看他，都不会影响他对自己的评价。自我价值低的人，内心对自己没有信心，所以很在乎别人的看法，或许别人的一个眼神他就受伤了。

案例分享

武打小说经常会出现这样的情节，一些武林高手，都佩着剑，走路昂首挺胸。他们来到一家饭店，把剑往桌上一放，大声地对店小二说话。他们通过这样的行为来传达一个讯息：我是会武功的，你们不要惹我哦！后来我们发现，这类人大多不是顶尖的武林高手。

顶尖的武林高手大多穿着布鞋，戴着草帽，没有剑，因为剑在心中，走路轻轻的，来到饭店，说话也是轻轻的。一旦敌人来了，他们随手拿一只筷子，就是剑！因为他们内力非常强大，随便什么拿在手上，就是武器。

第一种武林高手，自我价值还不是高手，所以需要外在的东西来证明自己；第二种顶尖高手，他们自我价值非常高，不需要外在来包装和证明自己。

既然自我价值那么重要，那孩子的自我价值是怎样培养的呢？

1. 0 ~7 岁感受爱的阶段

0 ~7 岁，是爱的成长阶段，一般情况下，一生中有 85% 的自我价值是在这个阶段建立的。这个阶段孩子的自我价值主要来自父母，因为孩子最初是通过父母怎么对待他来建立自我的形象和价值的。当一个孩子被爱、被接纳、被尊重、被肯定的时候，他会产生高的自我价值。很多时候，因为父母的一些行为也会造成孩子低的自我价值，这是父母必须要引起重视的。

案例分享

有一个孩子问他的父亲，他说："老爸，我给你两个选择，第一个选择，我哈佛毕业了，可我是抑郁的；第二个选择，我成为一个普普通通的工人，但是我很快乐，你会选择哪一个？"

如果你是那个父亲或者母亲，你会怎么回答呢？或许你会说，我肯定选择你做一个快乐的工人。但是说说简单，做起来太难了！很多时候，我们在做的都跟我们的初衷背道而驰。

0 ~7 岁的孩子，高的自我价值主要来自父母。而有哪些事情会造成孩子低的自我价值？

（1）被分离

从小孩子不在你身边，放在外公外婆或爷爷奶奶那边养着，或者叫机构抚养，也就是说从小父母不在孩子身边，这样会造成孩子低的自我价值。孩子从小会觉得自己不够好，爸爸妈妈不要我了；爸爸妈妈工作比我更重要，我是不值得被爱的，我是不好的。

如果在孩子很小的时候，送其到幼儿园全托住宿，跟父母分离，这也是很大的伤害。这样也容易造成孩子会有低的价值，孩子有可能会觉得是我自己不够好，他们工作比我更重要。

所以当孩子还小的时候，尽量要创造条件跟孩子住在一起。因为在哺乳动物里，人是生长期最长的，也是最需要爱的。

有些父母经常会对孩子开玩笑说：“你是捡来的。”这很容易让孩子产生低的自我价值。

（2）批评、指责、评判

批评、指责，甚至是打骂孩子，可能会让孩子认为自己是不够好的，自己是可以随意被攻击的，所以会产生低的自我价值。

（3）夫妻关系不好

夫妻俩经常吵架，孩子的潜意识就可能会觉得都是自己不好，所以你们才会吵架。我们说，孩子的思想无法用我们成人的想法来理解，孩子有时候会用叛逆、生病等极端的手段来拯救家庭，因为他觉得我叛逆、我生病了，你们注意力都会在我身上，你们就没有时间吵架了。夫妻经常吵架，孩子会有低的自我价值。

夫妻经常背着对方说彼此的坏话，你爸爸怎么样，你妈妈怎么样，结果都是一样的，都会让孩子产生低的自我价值。

有的离异或夫妻关系不好的家庭，有些妈妈会对孩子说："你爸爸怎么样……"孩子会想：我爸爸是这么坏的一个人，我是爸爸的孩子，我会好到哪里去？这就容易造成孩子低的自我价值。

（4）父母言行不一致

父母言行不一致，说的跟做的不一样，就会让小孩子感觉很混乱。妈妈明明说赌博不好，而自己还去打麻将，于是孩子产生了混乱，混乱会产生低的自我价值。

爸爸答应这个礼拜六带你去公园玩，可是礼拜六的时候，单位里突然有事情了，"对不起，我要去上班。"孩子就觉得工作比自己重要，自己是不重要的。父母言行不一致，承诺没做到，这都容易让孩子产生低的自我价值。

（5）父母对孩子要求过高

有的父母对孩子要求过高，孩子考了98分他们都不满意，说孩子这么粗心。他们很难去表扬孩子，因为在他们的脑海里有一个错误的信念，那就是"不能多表扬孩子，不然孩子会骄傲的，骄傲会让人退步"，所以他们一直对孩子要求过高。孩子很难达到父母的要求，开始觉得自己是没有用的，从而产生低的自我价值。

案例分享

心理学家曾经做过一个实验，他们把一群狗关在围栏里面，通过调整围栏的高度测试出这群狗的平均跳跃高度是3米。然后他们把围栏高度调到3.5米，这群狗尝试几次以后看到了希望，通过多次的努力以后，终于有一部分狗跳出了3.5米的围栏。接着心理学家把围栏的高度调到5米，这群狗经历了几十次的努力后，就躺下来不跳了，因为它们绝望了。

所以在孩子教育上，如果对孩子要求过高，而孩子一直满足不了父母的期待，就会绝望。

2. 7~14岁自我价值的建立

7~14岁的孩子正处于读小学的阶段，此时他们的自我价值来自老师跟同伴。从幼儿园到小学的这个转折点，家长要做好三件事情。

第一件事情，就是要让孩子喜欢这个环境。如何让孩子喜欢这个新的环境呢？

案例分享

我儿子从小是由他外婆带大的，隔代带大的孩子一般有两个缺点：一是动手能力比较差，因为很多事情都长辈包办了；二是人际交往能力比较差，因为长辈一般比较溺爱孩子，当孩子跟其他孩子发生冲突的时候，总是包庇自己的孩子。所以我儿子读幼儿园的时候，经常因为动手能力差以及跟同学冲突的原因被老师批评，以致于在幼儿园的三年，儿子经常哭着说不要去上学。

读小学的时候，我非常担心，因为幼儿园每天玩玩游戏他都不愿意去，那万一小学他不愿意去上学怎么办呢?

为了这件事情，我做了些功课。我们先去认识几个同班同学的家长，跟他们做朋友，创造了几个小朋友更多一起玩的机会。如果小孩子在一个环境里有几个好朋友，他就会喜欢这个环境。

同时，我告诉儿子对同学要宽容一点，所以慢慢地他的人际相处能力就提高了，朋友也多起来了，每天去学校读书都很开心。

第二件事情，要让孩子喜欢老师。因为如果一个孩子喜欢一个老师，那么孩子会对这个老师教的这门功课比较喜欢，反之，如果孩子不喜欢这个老师，孩子就会不喜欢这门功课。那作为家长，我们该怎么做呢？首先家长要跟老师多沟通，你跟老师沟通多一点，老师可能对你的孩子了解更多一点。对孩子来说，老师了解他、关心他，他就会更喜欢老师。其次，家长要积极参加学校组织的各项活动。最后，家长千万不能在孩子面前抱怨老师，家长一个无心的抱怨，孩子可能就记在心里，以致于就会讨厌这个老师，从而不喜欢这门课程。

案例分享

我儿子读小学1~2年级的时候，语文老师当班主任，并且只教他们一个班级。在小学三年级的时候，当地教育局改革，班主任换成了音乐老师，同时他们的语文老师也换了。这个时候，对家长来说会有很多的担心和焦虑，因为毕竟孩子用了两年的时间跟班主任已经产生了感情，现在换班主任和语文老师孩子接受不了。所以有一些家长就去校长室提意见。可想而知这个结果肯定无法改变，而且有一些家长的情绪也影响了孩子。这个班上有一个年龄最小的孩子，非常聪明，可是因为在这个事件里，他父母有很强烈的情绪影响到了他，他觉得新来的老师爸爸妈妈不喜欢，肯定是不好的老师。所以他就不喜欢新来的语文老师，结果他的语文成绩就一落千丈。

第三件事情，要让孩子养成良好的习惯。养成一个习惯只需要 21 天，而改变一个习惯却需要 5 ~ 8 个月。小学一年级要养成最重要的一个习惯就是快速做作业的习惯。很多家长抱怨孩子做作业很拖拉，大部分的原因都是在小学一年级的时候没有养成良好的做作业的习惯。那如何养成孩子快速做作业的习惯呢？我个人的经验就是孩子一放学回家，就让他快速做作业。做完作业再吃饭，吃完饭可以自由活动。可是有的家长会问，如果孩子拖拖拉拉怎么办呢？孩子做作业拖拉无非以下几种原因：

第一种孩子做作业拖拉的原因是：孩子一个人在房间做作业缺少安全感，所以会经常跑出来看看父母在不在。作为父母，如果遇到孩子出现这种情况的话，当孩子做作业的时候，就坐在孩子的旁边，不要去看孩子怎么做作业，就单纯地坐在旁边，自己拿本书看看。对孩子来说，最重要的是父母坐在旁边，就有安全感，就能安心地做作业。一段时间以后，孩子就能习惯了。

第二种孩子做作业拖拉的原因是：因为父母太在意孩子了，所以当孩子做作业的时候就在旁边检查，一旦发现孩子错了就马上纠正。孩子做作业经常被打断，就容易形成拖拉的习惯。正确的做法是，家长等孩子全部做完后，再进行检查。

第三种孩子做作业拖拉的原因是：每次孩子做完作业，父母又布置了自主作业，所以孩子故意做得慢一点。正确的做法是，小学一年级的时候，父母不要另外布置书面作业。

第四种孩子做作业拖拉的原因是：孩子遇到了很多不会做的题目。这个时候家长应该帮助孩子对学过的知识进行复习。

第五种孩子做作业拖拉的原因是：孩子的注意力不集中。大部分成绩在下游的孩子，都可能有注意力不集中的情况，家长要引起高度重视，要送孩子到一些早教机构去做注意力康复训练。

在小学阶段，帮助孩子喜欢学校这个环境，喜欢老师，同时养成良好的学习习惯的话，他的成绩肯定会在中上游以上。一个成绩好的孩子，会更多地得到老师的表扬，同学的认同，所以他建立的自我价值就会比较高。

3. 14~21 岁自我价值提升

14~21 岁，孩子的自我价值主要来自异性，这个时侯孩子进入了青春期。青春期的时候，孩子很在乎异性的看法，因为荷尔蒙开始分泌，这个时候一个很重要的问题就是孩子的早恋。

早恋是指未成年男女建立恋爱关系或对异性感兴趣、痴情或暗恋。一般指 18 岁以下的青少年之间发生的爱情，特别是在校的中小学生。

在中学阶段，发生过感情的人很多，而大多数都是单相思。只有相互有好感，才能发展成为早恋。早恋行为是青少年在性生理发育的基础上，心理转化为行为的实践。严格来说，是男女双方都向对方告白，才能称之为恋爱。

如果没有过告白行为，就不能称之为恋爱。只有作了告白行为（情书、直接告白等）才能算作恋爱，算作恋爱之后，才能根据受教育阶段判断是否是早恋。

早恋通常有下列 4 种特点。

（1）朦胧性

青少年对于早恋发展的结局并不明确，早恋的青少年仅仅是渴望与异性单独接触，而对未来家庭的组建、处理恋爱和学业之间关系、区别友谊和爱情等问题都缺乏明确的认识。

（2）矛盾性

早恋的青少年内心充满了矛盾，既想和喜欢的异性接触，又害怕被父母发现。可以说，在早恋的过程中，愉快和痛苦是并存的。

（3）变异性

友情是充满变化、极不稳定的，因为青少年往往欠缺处理人际关系的技巧及经历，导致双方缺乏互信；关系一般都难以持久。正是这样，常常令双方的心理造成痛苦。

（4）差异性

青少年的早恋行为有明显的差异。在行为方式上极其隐蔽，通过书信、电话、手机或者网络等传递感情，进行秘密的私下沟通和感情交流，家长和老师难以发现，但也有青少年会公开他们的关系，在许多场合出双入对。

在程度上，大多数早恋者还主要是交流感情或者一起玩耍。从人际关系上看，一般没有超出正常的朋友关系，但有的早恋者关系发展得很深，除了交流感情外，有时甚至发生性行为。

为什么现在的孩子早恋比父母年轻时多得多呢？因为那个年代，兄弟姐妹比较多，表哥表妹比较多，男男女女在一起玩的机会比较多，男男女女在一起玩的时候，荷尔蒙就散发掉了。现在孩子大多是独生子女，只有一个人，荷尔蒙聚集在身体里面，一旦有机会，它就投入进去了。

预防孩子早恋的原则是：要疏而不是堵。家长要创造多一点的集体活动。在男女同学比较多的环境里面，荷尔蒙就散发掉了，反之家长越控制和压抑孩子，一旦有机会，它反而会变本加厉。

同时家长要跟孩子成为朋友，如果一个女孩子跟父亲的关系比较好，她早恋的概率就小；如果跟父亲的关系不太好，她就因为缺少父爱，容易早恋。如果跟父母关系挺好的，大家都挺能沟通的，她什么事情都会跟父母讲，这样的孩子相对来说早恋的概率会比较小。青春期的孩子最需要被尊重，所以跟青春期的孩子像朋友一样沟通很重要。

本节阅读体会

第二章　安全感与成就感——两个基本点

安全感就是渴望稳定、安全的情感需求。恐惧是与生俱来的，与母亲子宫的分离那个时刻，恐惧就产生了。如果在婴幼儿时不能得到父母的抚爱，就会缺乏安全感。如被遗弃、隔代抚养、保姆抚养、幼儿寄宿、家庭离异，等等。家庭关系好，父母抚养得当，孩子一般比较单纯，也比较厚实。成就感就是愿望与现实达到平衡产生的一种心理感受，即被认同、被欣赏、被肯定。

第一节　人性的弱点

1. 黑洞理论

心理学上的黑洞原理，是一个非常重要的理念。

黑洞理论是这样的：

每个人→出生→母子分离→恐惧（黑洞）→找妈妈→安全感；

安全感→讨好→认可→肯定→成就感。

每个人在没有出生之前，在妈妈的肚子里面是很安全的。这个时候孩子会感觉，我跟我妈妈是一体，同时我也跟这个宇宙是一体的。可是当孩子从妈妈肚子里面突然被分离的时候，从一个很大的母体里面，突然被脱离了，所以孩子产生了很大的恐惧，这个恐惧心理学上叫做黑洞。

因为这个黑洞，这份恐惧，所以这辈子每个人做的任何事情，都是为了去弥补这个恐惧。如果我们对自己有更深的觉察，就会发现，我们今天所做的一切都是为了弥补这个恐惧。因为这个被分离的恐惧，小孩子要去找本体，对孩子而言，本体就是他的妈妈。所以孩子一辈子都在找妈妈的感觉，心理学上叫做“安全感”。

人的第一大追求就是安全感，具体来说，就是被爱、被接纳、被尊重、被关心、被看见。比如，一个人长大以后要找一个人来爱，要组建一个家庭，到一个单位里面要加入组织，成为团队的一分子，就是找一种归属感，一种被接纳、被关心、被爱、被尊重的感觉。

那么怎么样才能让妈妈来接纳我、来爱我呢？在小孩子的潜意识里面就会想，只有我表现得好，妈妈开心了，她才会爱我、接纳我。所以每个人的内心都希望自己做得更好，希望妈妈能肯定的感觉就是“成就感”。

通过黑洞理论，我们知道，只要是人，各种行为的背后只有两个动机，一个是安全感；另一个是成就感。当我们明白这个道理的时候，就更能理解我们的孩子，理解我们的爱人，理解周围更多的人了。所以我们看人就更简单了，我们可以从一个人的眼睛里看到两个渴望：

第一个渴望就是：我可爱吗？你喜不喜欢我？你接不接纳我？

第二个渴望就是：我有用吗？我有价值吗？

第一个渴望是对于安全感的渴望，第二个渴望是对于成就感的渴望。

如果我们在孩子小的时候对他们的安全感和成就感满足得比较多的话，他们的自我价值就会比较高，反之，自我价值就会比较低。

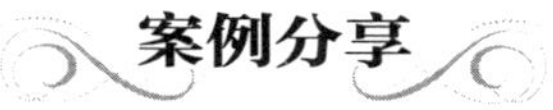

案例分享

我儿子读幼儿园的时候，学过一年的电子琴，后来因为太难了，想放弃，他问妈妈说："妈妈，如果不学电子琴了，你会不会不爱我了？"

他妈妈说："你不管怎么样，爸爸妈妈都是爱你的。"

我们对于孩子要无条件地爱，因为无条件的爱是给孩子最大的安全感。而很多时候，我们的爱要有条件，你今天表现好，妈妈就爱你；今天表现不好，妈妈就打你，造成了孩子低的安全感。

案例分享

心理学家曾经在一家敬老院做过一个实验，心理学家把敬老院的老人随机分成两组，给第一组的老人每人一盆花，告诉他们，这个花你们每天只能欣赏，但是不能动它，每天的浇水、晒太阳由我们的工作人员来负责；给第二组的老人也每人一盆花，但是告诉他们，这盆花浇水、晒太阳都由你们来负责。

一年过去了，心理学家发现，第二组的老人的死亡率要比第一组低。因为第一组的老人只能看，不能负责任，会觉得自己没有用，所以成就感比较低；而第二组的老人因为自己可以负责任，所以成就感比较高。

所以，我们要跟我们的孩子、跟我们的爱人有好的亲密关系，不仅要满足对方的安全感，还要满足对方的成就感。

在关系里我们要善于发现对方的优点，多鼓励、多肯定。可是很多时候，我们很容易就是看到对方的缺点。比如，我们经常看到一些太太埋怨丈夫，说丈夫没有用，赚钱这么少、职位这么低。

当丈夫在家里被太太评价没有用的时候，心里的成就感非常低。这个时候丈夫就很不愿意回家，因为在家里太难受了。如果这个时候有个异性很欣赏他的话，他很可能就会出轨。所以我经常问我的学员一句话，“叶的离开是风的邀请还是树的无情?”在关系里没有绝对的谁对谁错，每个人都要去承担100%的责任。

2. 爱的关系

什么叫爱的关系？我们在关系里面经常出现的错误就是，自己的安全感和成就感黑洞出来后，会去控制对方、苛求对方，以为是对方的问题，实际上是我们自己的问题。

很多父母常说的一句话就是：我看到孩子这样，我很生气。很多事情我们都因为自己的安全感和成就感的原因被引发了情绪，当情绪被引发的时候，我们经常会通过批评、指责的方式去发泄我们的情绪，这样自己就会觉得舒服点。但是当我们这样做的时候，可能会损害到对方的安全感和成就感，引发了对方的情绪，破坏了双方的关系。当对方有情绪的时候，内心是对立的，他是不会去改变的，甚至他也可能会通过指责来发泄他的情绪，这样彼此就陷入了一个痛苦的陷阱。

或许彼此心里有爱，但是彼此感受不到，甚至感到的是痛。这样就跟爱的关系背道而驰了。

那么爱的关系是怎么样的呢？

爱的关系第一层次是不批评、不指责，不批评、不指责就是不降低对方的安全感和成就感。那如何做到不批评、不指责呢？从理论上来讲，不去批评、指责就是不要被引发自己的情绪。那如何不被引发或者少被引发自己的情绪呢？就是平时多去满足自己的安全感和成就感，也就是我们平时所说的要多爱自己，当我们自己能满足自己的渴望以后，就会减少对别人的期待，当我们对别人的期待减少时，我们的情绪就少了。

爱的关系第二层次是多表达内心的感受。当我们被引发情绪的时候，怎么能做到不批评、不指责呢？情绪是一种能量，如果我们不表达，就通常会指责。所以当我们有情绪的时候，就应该直接表达情绪。当我们表达情绪的时候，能量就被释放了。比如说，当你在关系里面感到委屈的时候，就直接表达你的感受："老公，我现在感觉很委屈。"因为感受只是自我的感受，没有指责。而我们的感受是我们非常内在的部分，我们越表达，我们的关系就会越亲密。国际著名婚姻专家黄维仁先生曾经说过："关系杀手就是冲突加批评、指责，亲密关系就是冲突加不批评、不指责加多表达感受。所以关系杀手跟亲密关系就在一念之差呀。"

爱的关系第三层次是去满足对方的安全感和成就感。那如何去满足对方的安全感和成就感呢？首先我们自己要有稳定的安全感和成就感；其次我们要少批评、指责，多表达感受；最后我们要懂得对方爱的语言。那对方爱的语言是什么呢？接下来我们来了解一下爱的五种语言：

每个人都有一个情绪的爱箱，只有当这个爱箱填满了的时候，人际关系才能发展。然而，不同人的爱箱需要用不同的语言来填满。有专家研究发现，人们基本上有五种爱的语言：肯定的言词、精心的时刻、接受礼物、服务的行动、身体的接触。亲密关系间许多误解、隔阂、争吵都是由于不了解或者忽略了对方的主要爱的语言造成的。当双方主动选择使用对方的主要爱的语言时，就能够很好地发展彼此的亲密关系。

案例分享

我的爱的语言主要是肯定的言词和身体的接触，我太太的爱的语言主要是精心的时刻和接受礼物。所以我每次出差去外地讲课或学习的时候，我太太总是不太开心。

我一直找不到好的方法来解决这个矛盾，后来我在萨提亚专业课程中，六人小组的成员帮我分析了我太太的爱的语言，从这以后我每次出差的时候经常买一些小礼物送太太。从这以后我每次出差的时候，我太太会很开心，因为我回来她就可以收到礼物。

3. 安全感和成就感自测

我们做一个简单的测试，看看自己的安全感、成就感怎么样?

（1）安全感测试

请你闭上眼睛，留意你的呼吸，请你想象在你生命中，有哪些重要的人和重要的事情。现在请你想象这些重要的人和重要的事都来到你的身边，去感觉这种幸福的感觉。可是，你的生命发生了一些意外，生命中的一些重要的人和重要的事都必须离开你。现在让这些重要的人和重要的事离开，离开意味着你再也没有了。接下来我想请你去感受你的内心，当你生命最重要的人和事永远在你生命中消失的时候，你感受到痛苦的程度。

这些人、这些事，自此从你生命中消失了，你的感受是怎么样的？你的痛苦程度是怎么样的？

用两个标准给自己一个评分，第一个标准：来到你面前的重要的人和事越多，安全感越低。第二个标准：当重要的人和事离开的时候，痛苦的程度越大，安全感越低。如果安全感最高分是10分，你给自己打一个主观的分数，有几分呢？

睁开你的眼睛，给自己的安全感打一个分数。

（2）成就感测试

继续请你闭上眼睛，留意你的呼吸，进入你的内在，请你想象在你生命中有哪些值得你骄傲的人和哪些值得你骄傲的事情。现在请你想象这些值得你骄傲的人和值得你骄傲的事都来到你的身边，去感觉这种满足的感觉。可是，你的生命发生了一些意外，生命中的那些值得你骄傲的人和值得你骄傲的事都必须离开你。现在让这些值得骄傲的人和事离开，离开意味着你再也没有了。现在我想请你去感受你的内心，当你生命中值得骄傲的人和事永远在你生命中消失的时候，你感受到痛苦的程度。

接下来，你生命中出现了一个你觉得对你生命最最重要的一个亲人，他来到你的面前，他开始指责你、骂你，把你觉得所有值得骄傲的人和事指责得一文不值。这个时候请继续体会你内心的感受，你的痛苦的程度。

用两个标准给自己一个评分，第一个标准：当让你骄傲的人和事离开的时候，痛苦的程度越大，成就感越低。第二个标准：当你最亲的那个人把你觉得所有值得骄傲的人和事骂得一无是处的时候，痛苦的程度越大，成就感越低。

如果成就感最高分是10分，你给自己打一个主观的分数，有几分呢？

睁开你的眼睛，给自己的成就感打一个分数。

虽然这个测试是一个很主观的分数，但是它给了我们一个觉察和反省的机会：如果你的安全感比较低，那你在你的婚姻关系和亲子关系里会不会很想去控制呢？如果你的成就感比较低，那你会不会对你的爱人和你的孩子有很高的要求呢？

案例分享

我有一个非常优秀的朋友，毕业于名牌大学，在一家大型保险公司担任部门经理。有一次她问我："我为什么对我的孩子和我手下的员工要求会这么高？为什么他们所做的一切我都不满意呢？"我笑着问她："你是不是对自己的要求很高？"她说是的。

我继续问她："在你小的时候，你父母是不是对你要求很高？"她说："是的，我父亲是一个大学教授，从小对我要求很高。"我说："因为你小时候父亲对你要求很高，你就往内投射对自己要求很高，长大以后就往外投射对别人要求很高。"

如果父母对孩子要求很高，很少去表扬孩子，孩子就会产生低的成就感。当这个孩子长大以后，有了自己的孩子，他（她）也会对自己的孩子有过高要求，很多家庭就这样不断轮回。

本节阅读体会

第二节　传统教育模式的转变

传统的教育模式，很多时候会因为家长内在的黑洞而引发恐惧的教育，那我们如何将传统的恐惧教育模式转化成爱的教育呢？下面我们首先了解一下恐惧的教育和爱的教育。

1. 恐惧的教育

恐惧教育是什么？恐惧教育是因为我们内在的黑洞，让我们自己的安全感和成就感出现了问题，内在就产生了恐惧，所以一旦孩子做了某一个事情，触发了我们内在的黑洞，恐惧就产生了。

亲密关系也是一样的道理，如果有一位女士，她的先生有一天出去应酬了，晚上十一点还没有回来，而电话又打不通，这个时候这位女士的恐惧感就出来了，他在外面会不会怎么样？会不会被其他女人看上？会不会出车祸？会不会喝了酒开车？当恐惧感出来的时候，就开始控制和指责。

对孩子的教育也是一样的。如果有一天你的孩子数学考了60分，你内心的恐惧就被点击了，你可能就会批评、指责、说教，甚至进行语言攻击或身体暴力。

对孩子的恐惧教育，很多时候我们都运用了语言暴力。

什么是语言暴力？语言暴力就是使用谩骂、诋毁、蔑视、嘲笑等侮辱、歧视性的语言，致使他人的精神上和心理上遭到侵犯和损害，属精神伤害的范畴。

很多情况下，语言暴力源自不平等的相互关系，受害者通常缺乏自卫的力量，未成年人遭受的语言暴力就属于这一类。

在家庭教育中，经常恐惧教育的父母，总爱用过激的语言伤害孩子。父母对孩子说过激语言就是对孩子实施软暴力，这种语言伤害有时比痛打孩子一顿更严重、更可怕。但是，很多家长并不能认识到它的严重性，还是一如既往地对孩子实施语言软暴力。

现实生活中，语言伤害造成孩子走向极端的事例屡有发生。很多情况下，孩子就是被父母的话逼得走投无路才走上绝路的。比如，在孩子与家长之间存在分歧时，家长为了让孩子屈服，就利用孩子对父母依赖性强的弱点，动不动就说："滚得越远越好！""你真有本事就别回这个家！"当孩子考试不理想时，家长会说："才考这么几分，我要是你我就从窗户上跳下去死了算了，就不知道丢人现眼。"

家长说出这些话无非有两种用途：一是发泄自己心中的不满情绪，二是让孩子知道耻辱而更加奋发图强，给自己争口气。第一个目的显然家长是轻松达到了。而第二个目的恐怕往往是要落空的，孩子是要给自己争口气不假，但不是奋发图强，而是像个英雄一样走了，再不回头，即便是跳楼也不会向父母低头。

家长对孩子实施语言软暴力会造成什么后果呢？下面我们来看一个事例。

案例分享

一个名叫赵亮的孩子，刚上高中，可能由于不适应新环境，学习成绩有所下降。他的母亲怕孩子一直跟不上，就给孩子找了一位家庭教师。

母亲想，一是可以给孩子赶快补上落下的功课，二是孩子从高一就开始有家庭教师补习功课，等到了高考时，成绩一定能有很大的提高，说不定还有惊喜给自己呢。

就因为母亲过于乐观的想法，赵亮每到周六、周日，就得在家里补习功课，就得做家庭教师布置的海量作业。当其他孩子都在楼下玩耍的时候，他的作业做了还不足三分之一。就连平时晚上，赵亮也不能早点休息，作业好像永远也做不完。赵亮也知道妈妈是为自己好，也很配合地埋头用功。

一天，赵亮的一个好同学国栋过生日，赵亮很想去参加同学的生日晚会，可是这天晚上正好家庭老师要来给他补习数学。赵亮想了想就去找母亲商量，希望母亲能同意自己请一晚上假。

可母亲听完孩子的请求后，非常生气地说道："你怎么还是光知道玩呢，给你说过多少次了，要好好学习，你知道妈妈请人家来给你上这一次课得花多少钱吗?"

"我不知道，但是我就去玩一个晚上，我不是每天都在学习吗？再说，你整天就知道让我学习，除了学习还是学习，我都快学成傻子了。今天是我好朋友的生日，一年就这一次，难道我就不能放松一下吗?"赵亮都快急哭了。

"你哪来那么多废话，说不行就是不行，没有什么条件可讲的。你要是今天敢去，就不要再回这个家门了。"

赵亮听了母亲的话也非常生气："不回就不回！你以为我愿意回来啊?"

“行，长本事了，你想去哪就去哪，只要不回来就行。看你有多大能耐！”

赵亮没等母亲说完就摔门走了，这一去就是三天三夜没有音讯。这可把他的母亲急坏了，实在没有办法就报了警。

一周后，在公安部门的帮助下，母亲在另一个城市的火车站候车室找到了赵亮，当时孩子已经晕倒了。赵亮的妈妈后悔地流下了眼泪，决定再也不会说让孩子走的话了。

在我们身边，像这样被父母用过激的语言伤害而离家出走的孩子真是太多了。很多家长认为孩子离家出走的原因在孩子身上，孩子不想面对学习，孩子不能接受父母的批评教育，孩子不理解家长的良苦用心……家长这样说好像真是这么回事。

其实不然，很多情况下，孩子就是受不了家长的语言软暴力才离家出走的。孩子不离家出走好像就不能够表达自己心中对父母的不满情绪。

上面这个例子中，孩子和家长在发生激烈的争论后，家长为了让孩子屈服于自己，就用语言暴力来吓唬孩子，虽然家长在说这些话时只是一时气急，并不是真心的，但这话让孩子怎么面对，向家长低头是不可能的，孩子更愿意选择离家出走这条路。虽然自己吃苦但也要比向父母低头强多了，孩子会想：这次低头，以后就再没有翻身的机会了。

因此，不要动不动就用过激的语言来对付孩子，这对孩子的伤害是非常大的。不管你的孩子有多么淘气捣蛋，都不要对孩子施以语言暴力。

2. 爱的教育

爱的教育就是先去满足孩子的安全感和成就感。

当孩子情绪低落的时候，就要倾听孩子的心声，接纳孩子的情绪。时时让孩子觉得自己是被爱、被接纳、被看见、被关心、被重视的，这是对于安全感的满足。

当孩子不确定，不敢尝试的时候，多给孩子鼓励、肯定，这样孩子才会更自信，这是对于成就感的满足。

自信是使人走向成功的第一要素。所以对于父母来说，让孩子找到自信是非常重要的。那如何让孩子找到自信呢?

一要多发现孩子的优点，多鼓励，多肯定孩子。当孩子不断被鼓励，被肯定的时候，孩子的自信就慢慢地建立了。

二要给孩子设定一个触手就能达到的目标。孩子每实现一次目标，自信就被加强一次。

三要鼓励孩子去做一些新的尝试和体验。人们不会真正相信自己没有体验过的东西，所以孩子每去尝试和体验一次，自信就被建立一次。

四要父母在内心真正相信孩子具有更多的能力，当父母越相信孩子的时候，孩子就越自信。

案例分享

珍妮是个总爱低着头的小女孩，她一直觉得自己长得不够漂亮。有一天，她到饰品店去买了只绿色蝴蝶结，店主不断赞美她戴上蝴蝶结挺漂亮，珍妮虽不信，但是挺高兴，不由昂起了头，急于让大家看看，出门与人撞了一下都没在意。珍妮走进教室，迎面碰上了她的老师，“珍妮，你昂起头来真美!”老师关爱地拍拍她的肩说。

那一天，她得到了许多人的赞美。她想一定是蝴蝶结的功劳，可往镜前一照，头上根本就没有蝴蝶结，一定是出饰品店时与人一碰弄丢了。

其实自信就是一种内心的感受！

作为父母让孩子有更多的安全感和成就感，很重要的一点就是要给孩子树立榜样：

第一，注重“言传身教”。古语说得好：“其身正，不令而行；其身不正，虽令不从”。因此，父母应当首先以身作则，在要求孩子的同时，自己要率先垂范，身体力行。父母应让自己的言行渗透到孩子生活的方方面面，在点滴的日常生活中潜移默化地影响孩子，做孩子的榜样。

第二，做到“言必行，行必果”。父母对孩子要真诚，言而有信，说到做到，且言行一致，表里如一。切忌不可经常出尔反尔，答应孩子的事情不可做不到，或无果而终；更不可当面一套、背后一套，说一套，做一套。当孩子从父母身上连最起码的诚信和安全感都得不到时，孩子又如何信任父母呢？

第三，要严、慈并重。父母对孩子这个人要无条件地爱和尊重，在爱与尊重的基础上，父母对孩子思想品德的教育、生活习惯的培养、学习技能的锻炼等各方面都可以严格要求，使孩子努力做到良好。家长当对孩子进行批评教育时，应当“晓之以理，动之以情”，让孩子心服口服，从而使孩子对父母信服；同时还要以一颗宽容的心对待孩子，不过分苛求孩子做不到、不愿做的事情。

第四，父母配合要一致。对孩子切忌双重标准，双重态度。这样长此以往，不仅滋长了孩子的侥幸心理，使孩子变得“两面派”，而且父母的威信在孩子面前也将荡然无存。

第五，树立父母威信还有一个重要的砝码，那就是“爱”。父母爱孩子是他们的天职，同时也一定要让孩子了解、懂得父母对他们的爱。让孩子心怀感恩之情，在心中铭记“父母都是为了我们好!”让孩子心存敬畏之心，绝无憎恨之意。

所以，当父母从恐惧的教育转化到爱的教育的时候，孩子会形成良好的个性，孩子将会变得更加卓越和优秀。

本节阅读体会

第三节　父母的抚养类型

很多父母往往会犯这样的错误：习惯用自己的体验来代替孩子的思考，并且觉得这样做完全是为孩子着想，为孩子好。让孩子多穿一点，就是为了不让孩子感冒；让孩子多吃一点，就是想让孩子长高长快一点，不想让孩子挨饿……

父母却不曾想过，这种行为会导致什么样的结果。

首先，越俎代庖的行为会让孩子对父母感到厌烦。别看孩子年龄小，可是孩子从小就有一种反抗意识，家长越是要他去做，他就会越抗拒。或许孩子小时候没有力量抗拒，但是到了青春期，他（她）就会叛逆。

其次，如果父母将越俎代庖的行为形成习惯，那么对孩子的影响会很恐怖。孩子慢慢会丧失自我意识。为什么要把自己的想法强加到孩子的身上呢？父母的这种行为，不仅让孩子厌烦，而且让孩子渐渐失去自我意识。凡事都听父母的孩子，离了父母什么都不知道怎么干。

最常见的结果就是这样的，很多孩子早上一起床都问："妈妈，我今天穿哪双鞋子？""妈妈，我今天穿什么衣服？""妈妈，我今天什么时候写作业？"看上去孩子很乖，什么都听妈妈的，实际上，这样的孩子逐渐在丧失自我意识。最后，孩子会失去对事物的判断能力，无法累积经验。

别忘了最重要的一点，我们的判断是经验之谈，是建立在经验的基础之上，自以为是地就这么认为了，而孩子的判断则是切身的感受。如果父母不懂这个道理，总是用自己的判断来代替孩子的判断，无异于把经验凌驾在事实之上。久而久之，害苦的还是孩子，孩子的判断力慢慢消失，而且会对父母形成依赖，从而缺少独立思考的能力。

许多父母对孩子不是“推”，就是“拉”，甚至是“引诱”和“威逼”，其实，这种教育孩子的方法都是错误的。

你是怎么样的一个家长呢？

1. 完美型

完美型的家长是什么样的呢？完美型的家长就是对孩子要求很高。

对孩子要求很高的背后原因是因为家长低的成就感，当家长成就感比较低的时候，就希望通过孩子来完成自己的梦想，通过孩子的成就来满足自己的成就感。

多少家长需要扪心自问一下，自己对孩子高要求的背后，有多少是真正为了孩子，有多少是为了自己的面子？

现在社会上有种不良风气，有很多家长都在攀比孩子，孩子考进了什么学校，孩子成绩第几名，孩子……这种攀比或炫耀，虽然满足了家长的成就感，却对孩子造成了很大的压力。

那完美型的家长对孩子会产生什么样的影响呢？

完美型的家长对孩子要求比较高，孩子会产生很大的压力。如果孩子抗压能力比较好，可能会比较优秀，但是孩子长大后对自己和别人的要求会比较高，会去追求完美，追求完美的人即使在世俗的眼光里是一个成功者，但是这类人内心很难真正地去感知幸福；如果孩子的抗压能力比较差，一直达不到父母的要求，就会绝望，产生很低的自我价值，很可能产生心理疾病。

2. 掌控型

掌控型父母对孩子的要求就是：一定要听我的，必须要这样，不应该这样……

掌控型父母背后深层次的原因是因为父母低的安全感。因为父母没有安全感，所以孩子一定要在自己的掌控下，才觉得他们是安全的。掌控型的父母就是事事给孩子做安排，事事帮孩子做决定。

掌控型的父母分为强势掌控和弱势掌控，特别是弱势掌控，那是一种隐藏的掌控，特别在单亲家庭里会比较多见。我们经常会听到一些这样的言语："妈妈一个人带你这么辛苦，为你付出了这么多，可是你还不好好读书，妈妈不想活了。"很多单亲家庭的妈妈用这样的言语来掌控孩子，所以单亲家庭的孩子比较听话，比较早熟。可是孩子早熟一定是好事情吗？早熟的孩子过早地去承担了父母应该去承担的责任，过早地失去了童年的快乐，长大以后他们感受幸福的能力就比较弱。

掌控型的父母对孩子造成的一个重要影响是，父母一直帮孩子做决定、做安排，造成孩子长大以后做决定的能力就很差。同时，孩子的人生一直由父母做决定，造成他的人生是没有力量的，同时他也不会为他的人生去负责任，因为每个人不会为别人的决定去负责任，每个人只为自己的选择去负责任。

案例分享

我在做咨询的时候，曾经遇到一个案主，一个30多岁的男性，他遇到的困惑是：一年前，他跟他的太太离婚了，可是最近他太太要求跟他复婚。他很矛盾，不知道怎样做选择，所以来寻求帮助。后来我了解到，他是个富三代，从小任何事情都是爷爷和爸爸帮他做决定的，甚至跟太太结婚，也是父母帮他做决定的。所以，他的人生从来没有自己做过决定。这一次也一样，他做不了决定，所以来寻找帮助。

你愿意看到你的孩子未来也是这样的吗？

3. 智慧型

智慧型父母是什么样的呢？

智慧型的父母首先要有稳定的自我价值，他们拥有自己的世界，不会把所有的希望都寄托在孩子身上，面对孩子他们更愿意敞开自己的心灵世界。他们对待孩子的方式用三句话来形容，那就是：温暖的接触，温柔的空间，温和的坚持。

（1）温暖的接触

温暖的接触就是跟孩子接触的时候，家长的眼神是温暖的，声音是温和的，让孩子随时能感受到父母的爱和关怀。

家长对孩子本应该是无条件的爱；家长对孩子的情绪，本应是全然地倾听和接纳。可是很多时候，家长会把工作中的情绪带回家，会对爱人讲话声音比较重，甚至会吵架。当孩子还很小的时候，会认为父母的情绪是针对自己的，父母的粗暴的声音也是针对自己的，这会让孩子产生低的安全感和自我价值。所以家长在孩子面前一定要注意自己的情绪和语气语调，即使夫妻有争执，也要避开孩子。

（2）温柔的空间

温柔的空间就是父母给孩子选择权，让孩子自己去做决定。父母能做的就是用自己生活的经验去引领孩子，父母可以做孩子的参谋，可以用经验帮孩子分析、谋划，而最终做决定的一刻交给孩子自己来选择。当每一个决定都是由孩子自己来做出的时候，孩子的生命是有力量的，而且孩子也愿意为自己做决定的人生去负责任。

所以，父母平时要少说教，多问问题。比如说“你是怎么想的呀?”“你希望怎么样呀?”“你做的这个决定，未来你会后悔吗?”“爸爸妈妈是这样想的，你可以参考一下吗?”“你会为自己的这个决定负责任吗?”“如果你是爸爸妈妈，你会怎么想呀?”

（3）温和的坚持

对孩子，父母要给予无条件的爱，对孩子的情绪，父母要无条件的接纳。可是对于孩子的行为，父母要有一定的规则和坚持。可是很多时候，父母没有把人和事情分开处理，这就造成当父母对孩子坚持规则的时候，孩子觉得父母不爱自己了。

那家长应该如何做到把人和事分开呢？首先家长对孩子要温和，温和体现在声音和态度上。在沟通的时候，家长随时要觉察自己有没有保持良好的情绪，当家长保持良好情绪、平和心态的时候，才能更主观地在语言上把人和事区分；其次，如果家长对孩子能够温和的话，就可以更好地坚持原则。

举个例子：我曾经看到有一位妈妈带着孩子在逛商场。孩子看到一个玩具，就对他妈妈说："妈妈，我要买这个玩具！"妈妈说："宝贝，家里这种玩具已经很多了，我们不买了。"这个孩子又说："妈妈，我一定要！"这时妈妈的态度还可以，对他说："宝贝乖，我们家里很多了，今天不买了。"可是这个孩子还是坚持要。此时，妈妈被引发了情绪，她声音也一下子变得大起来了，她说："你怎么这么不听话，下次不带你出来了，今天坚决不买！"听了这话，孩子大哭起来了。

这样的例子我们经常会碰到，这位妈妈犯了一个错误，当她被引发她情绪的时候，她的态度变成了粗暴的坚持。这个时候，孩子会觉得妈妈不爱我，所以他一直要坚持买这个玩具，因为只有妈妈帮他买了这个玩具，才可以证明妈妈是爱他的。正确的做法应该怎么样呢？首先，妈妈情绪要平和，声音要温和，看着孩子，带着爱，告诉孩子："宝贝，妈妈很爱你！可是这种玩具家里很多了，我们今天不买了。"当孩子觉得妈妈是爱他的时候，对要买玩具的坚持可能已经淡化了很多。

案例分享

我有一个学员，学了"温和的坚持"后，回家用这样的方法跟孩子沟通。后来她跟我们分享，孩子对于这样方法学习的速度是超乎她想象的，孩子从妈妈对待他的方式中，学习到了更多的、更开阔的思维方式以及沟通技巧。本来这个孩子很讨厌他爸爸，因为他爸爸经常去打麻将。后来通过学习，他知道把人和事分开了。他跟妈妈分享说："我很爱爸爸，可是爸爸打麻将的这个行为我不喜欢！"他知道把人和事分开，这是一份多大的智慧呀！

本节阅读体会

第三章　高素质父母，引领孩子健康成长——三大理念

如果父母是原件，那么孩子就是复印件。孩子是父母的镜子。孩子永远都没有问题，如果有问题，一定是父母的问题！孩子的每一次问题呈现，都是父母成长的机会！痛苦是改变的开始，学习成长是家长送给孩子最好的礼物！

第一节　孩子是父母的一面镜子

人无完人，孩子身上肯定有很多缺点，而父母的要清楚孩子身上的这些缺点，特别是比较不容易发现的缺点。懂得儿童心理学的家长不会当众把孩子缺点提出来，是怕伤害他们的自尊心和自信心。但与孩子单独相处时，他们都会检讨孩子缺点！

遗憾的是，有些家长喜欢不分场合提及这些缺点，甚至把它当成教训孩子的理由，伤害了孩子的自尊心。结果，孩子的缺点没有改进，原有的优点消失，而且还会让孩子形成一些思维定势，例如：我就是笨，我数学

就是不行，我注意力就是差……长此以往，孩子那些本来微不足道的缺点，就在父母无意识的打击下，逐渐变大。

正确的做法就是：家长对于孩子的缺点了然于胸，在不伤害其自尊心的情况下，指出孩子的缺点，让他们意识到这些缺点是应该改进的，同时，帮助他们发挥自己的优点与特长。

天下没有无缺点的孩子，所以，作为家长，不要总想着自己的孩子一无是处，不要满脑子都是孩子的缺点。孩子需要家长细心发现他们的美。如果家长对孩子足够用心，就会发现，原来孩子的确很可爱！

1. 孩子出问题，父母找原因

孩子是父母的一面影子。孩子如果出现问题，问题的根源一定在父母身上。孩子每一次问题的呈现，都是父母成长的机会。

家庭是一个系统，系统充满着张力，当孩子出现问题的时候，家长一定要从家庭这个系统去寻找原因，当家庭系统这个动力改变的时候，孩子的问题自然就解决了。

案例分享

有一位读小学一年级的孩子，每天去学校读书的时候，大便总是忍不住拉在裤子里，而周末在家的时候却非常正常。这样的情况已经持续了一个多月，他的妈妈为此非常焦虑，所以来找我做心理咨询。

通过询问我了解到，这位妈妈对孩子要求非常严格，而且经常会有很大的情绪。第一次孩子在正要去大便之前，因为考试考得不理想，被他妈妈打了一顿。后来我对这位妈妈说，孩子身体肯定没有问题，如果有问题的话，周末也会拉裤子。孩子一定是心理的问题，虽然孩子的意识也想控制大便不拉出，可是他的潜意识不同意。

孩子的潜意识为什么要制造出这个事件呢？是因为他想用这个方式引起妈妈的注意，从而想让他妈妈改变对待他的方式。我告诉这位妈妈："你回去给孩子讲一段话，或许他听不懂都没有关系，因为他的潜意识听得懂。"

这句话就是："儿子，你用这样的方式来爱妈妈，希望妈妈改变，妈妈收到了你的心意，妈妈会改变的，现在你可以用你自己的方式来生活了，妈妈很爱你！"很神奇的是，这位妈妈回去跟她孩子讲了这段话以后，当天开始，孩子就没再出现大便在裤子里的情况了。

如果孩子喜欢说谎，那父母要去反思的是：第一父母是不是也经常说谎？第二孩子的需求是不是经常没有得到满足？第三父母的教养方式是不是比较粗暴？

如果孩子不孝顺父母，那父母要去反思的是自己是不是也不孝顺父母？

如果孩子不够自信，那父母要去反思自己对待孩子的方式是不是批评和要求多，鼓励和肯定少。

如果孩子的动手能力差，那父母要去反思的是自己对孩子是不是太溺爱？

如果孩子叛逆或者无缘无故生病，那父母要去反思的是自己的婚姻是不是遇到了一些问题？

如果孩子经常埋怨周围的人和事，那父母要去反思自己是不是也经常抱怨这个世界？

2. 万物改变，由“我”开始

心理学家萨提亚女士曾经讲过，人有三度出生，第一度出生是父亲的精子和母亲的卵子结合形成受精卵的时候；第二度出生是人从妈妈肚子里出来的时候；第三度出生就是往内看，从自己身上找原因的时候。第三度出生就是一个人真正成熟的开始。

在与他人相处时，最大的问题就是觉得自己是对的，当觉得自己是对的时候就意味着对方是错了，然后就要去改变对方。可是无数的事实证明，当彼此要去改变对方的时候，痛苦就产生了。Nlp（神经语言程序学）认为，一个人是不能改变另外一个人的，除非他主动改变自己。当他自己改变的时候，或许会影响到对方去做一点点的改变。即便对方一点都没有改变，可是当自己改变的时候，整个世界都变了。因为我们是戴着一副有色的眼镜来看这个世界的。当我们带着蓝色的眼镜看这个世界的时候，看到的世界是蓝色的。如果有一天我们改变了，当我们戴着红色的眼镜的时候，看到的世界就变成红色的了。而这副有色的眼镜，就是我们的信念系统。

可是很多人有一个错误的信念，那就是当自己去承担改变的责任的时候，好像是自己错了。其实当我们去承担改变的责任的时候不是我们错了，而是我们有能力去承担这个责任。而且当我们去改变的时候，就开始成长了。此时，我们的内心是有力量的。当我们逃避这个责任的时候，就不会成长，而且很可能就成为受害者，开始抱怨周围的人和事，开始抱怨这个世界。

改变由自己开始
——安葬于西敏寺的英国国教主教的墓志铭

我年少时，意气风发，踌躇满志，当时曾梦想要改变世界，但当我年事渐长，阅历增多，于是我缩小了范围，决定先改变我的国家。但这个目标还是太大了。接着我步入了中年，无奈之余，我将试图改变的对象锁定在最亲密的家人身上。但天不从人愿，他们个个还是维持原样。当我垂垂老矣，终于顿悟了一些事：我应该先改变自己，用以身作则的方式影响家人。若我能先当家人的榜样，也许下一步就能改善我的国家，甚至可能改造整个世界，谁知道呢？

“万物改变，由我开始！”这是人生的一种信念，这是对生命的一种态度！

让我们在心里默默地诵读下面这段话：

要孩子改变，由我开始！

要爱人改变，由我开始！

要上司改变，由我开始！

要下属改变，由我开始！

要团队改变，由我开始！

要组织改变，由我开始！

要国家改变，由我开始！

万物改变，由我开始！

案例分享

我们很多时候总是抱怨中国的国民素质很低，可是我们在抱怨的同时，自己却经常践踏规则。当我十年前第一次学到“万物改变，由我开始！”的时候，遇到红灯，不管有没有汽车，我都停下来。当我停下来的时候，会影响到周围的几个人也停下来。当我们每一个人从自己做起，遵守规则的时候，我们国家的国民素质就提高了。

互动练习

现在请你闭上眼睛，反思一下我们过往的生命，有哪些行为障碍了你的亲子关系？有哪些行为障碍了你的幸福？为了自己，也为了你爱的人，你愿意改变吗？

自我反省

变些什么？为何要变？怎样改变？何时改变？

1. ______________________________

2. ______________________________

3. ______________________________

本节阅读体会

第二节　每一个行为的背后都有正面的动机

1. 行为与评判

在亲子关系培训中，有一个环节，就是请家长们去分享，他们不能接受的孩子的行为有哪些。家长们找出了一大堆他们不能接受的行为，其中又有一大堆是对孩子的负面评判。作为家长，首先要去区分什么是行为？什么是评判？

不能接受的行为，那仅仅只是行为，那是对“事”的，可是评判就上升到人的品质了，那是对“人”的。

那么哪些是行为，哪些是评判呢？

“做作业花了2个小时”是行为，“做作业很拖拉”是评判；

“有一次我叫他做家务，他不做”是行为，“他很懒”是评判；

“他不肯跟妹妹分享玩具”是行为，“他很自私”是评判；

“他未经同学同意拿了同学的东西”是行为，“他偷了同学的东西”是评判；

“他每天要花一个小时上网”是行为，“他有网瘾”是评判；

“他很少主动跟同学去打招呼”是行为，“他很内向”是评判；

“他今天在幼儿园咬了同学一口”是行为，“他有暴力倾向”是评判；

“他考试考了60分”是行为，“他很笨”是评判；

互动练习

现在请你把对孩子不能接受的行为列出来。当列完的时候，请再次检查，有哪些是评判，如果有评判，请把评判还原成行为。

不能接受的行为：

____

2. 背后的正面动机

每一个行为的背后，都有正面的动机。动机永远都没有问题，只可能是所选用的做法未能达到理想的效果。每个人的行为，背后都是为了去满足其背后的深层动机。如果父母没有看到孩子行为背后的深层动机并去满足它，而是想要直接去改变孩子的行为，这是非常困难的。孩子会死死抱住这个行为不放，背后其实是孩子死死抱住深层动机不放。父母只有去找到孩子行为背后的深层动机，并用他们能够接受的行为去替代、去满足，孩子的这个行为才可能松动。

那孩子行为背后的深层动机到底是什么呢？有没有一些共性呢？其实孩子行为背后的深层次的动机归纳起来就是安全感和成就感，具体一点就是被爱、被接纳、被尊重、被认同、被看见、被关心、被公平……

所以当家长能看到孩子那些行为背后的正面动机的时候，就能真正去看见这个孩子，去理解这个孩子了。同时，家长的内在感受也会发生很大的变化。当家长心态改善的时候，对待孩子就会做出不一样的选择。

案例分享

有家长问专家说："孩子喜欢上网怎么办?"专家说，要先去看看孩子上网背后的正面动机是什么？孩子上网的正面动机无非是两个原因：第一，满足成就感。在很多网络游戏里面，每过一关，都会有很多的肯定和奖励。如果孩子平时在家里获得父母的肯定比较少，就会很享受在网络上被肯定的这种感觉。第二，满足安全感。首先在网络上有一群朋友，大家都能敞开心扉；其次在学校里，很多同学都在玩游戏，大家课间都有共同语言，没有玩游戏的孩子就没有共同语言，就感觉会被孤立。

所以当家长知道了孩子喜欢上网的正面动机以后，就要去找其他孩子能够接受的行为去替代，而这些行为又能够满足孩子上网所能够带来的成就感和安全感。比如：家长跟其他家长做朋友，让孩子也能相互做朋友来满足安全感；平时多肯定孩子，或者让孩子参加一些竞赛的运动来满足成就感。

互动练习

现在请你找出你对你孩子不能接受的行为背后的正面动机。

不能接受的行为背后的正面动机：

当你找出这么多正面动机以后，此刻我想请你闭上眼睛，去体会内心的感受，轻轻地问一下你自己：此刻是不是少了很多的纠结？是不是更放松了？

本节阅读体会

第三节　凡事都有三种以上解决方法

1. 多选择等于多能力

Nlp（神经语言程序学）里有一个重要的前提假设：凡事都有三种以上的解决方法，多选择等于多能力。一个选择不是选择，两个选择左右为难，三个选择才是真正的开始。

在现代社会中很多家长都很焦虑。孩子读书选择学校，学什么，怎么学……处处操心。很多家长的周末都很忙，他们的周末都已不属于自己，而是属于孩子。每个周末都有很多的家长带着孩子去学钢琴、学画画、学舞蹈、学英语、学奥数……，有的家长开着私家车，有的家长骑着电动车，风雨无阻。富裕家庭的家长一掷千金，找最好的老师；贫穷家庭的家长省吃俭用，从牙缝里省出钱让孩子上各种补习班。真是可怜天下父母心啊！

家长们为什么会这样呢？很多家长会说：没有办法，别人家的孩子都在学，如果自己的孩子不学，是不是输在起跑线上了？

这背后有一个信念，就是孩子只有读书好，才能考进重点初中、重点高中、重点大学，将来才能找到一份好工作。找到一份所谓的好工作，才能有一个幸福的人生。也就是说，必须这样，没有选择。

当我们没有更多选择的时候，焦虑就产生了。只有当我们有更多选择的时候，我们的内心才会有力量，才能真正地放松。

案例分享

有个家长问专家：“老师，如何才能在教育孩子上不焦虑呢?”

专家说：“你焦虑的是什么呢?”

家长说：“我担心如果自己不逼孩子去补习的话，他的成绩会不好，成绩不好就考不进好的中学，考不进好的中学就考不进好的大学，考不进好的大学就找不到好的工作，找不到好的工作人生就会不幸福。”

专家问她：“你认为什么是好的工作呢?”

家长说：“稳定一点的工作，比如说公务员、老师等。”

专家说：“公务员、老师都很幸福吗? 不一定。有人喜欢稳定一点的工作，有人却不喜欢按部就班的工作，因为他们觉得这样的人生会比较无聊。其实未来有很多可以让孩子选择的工作，比如说做培训师、做心理咨询师、做销售、开网店、当各种体育教练、当各种培训学校的老师、做一个现代化的农民……你的孩子未来有很多的选择。”

专家继续问她：“读一个好的大学就一定能找到好的工作吗?”

家长说：“不一定，除非是国内最顶尖的大学。找到一份好的工作最终要看孩子自己的能力和社会关系。”

专家说："考进国内最顶尖的大学，这种事情是可遇而不可求，不是每个人通过努力就能达到的。而读一个普通的大学，在我们的孩子这一代应该是有没有问题的吧？"

家长说："应该没有问题。"

专家说："那你还焦虑什么？"

她若有所悟，突然放松下来了。

2. 多的选择，多的弹性

很多时候，人生的痛苦和困惑来自执着，就是个人信念认为事情只能这样，不能那样，而当事情不能如愿的时候，这些人往往就开始陷入痛苦。从另外一个角度来看，当一个人的舒适圈很小的时候，很多不符合他舒适圈范围的事情，就会变成他的问题而产生痛苦。所以，很多时候不是孩子有问题，而是家长的舒适圈太小。当家长有更多选择，更多弹性的时候，舒适圈就大了，人生就会有更多的幸福和快乐！

案例分享

有一位家长，分享了她的一个困惑：她有一个六岁的儿子，有一天她答应儿子带他去幼儿园同学家玩，同时答应了儿子的奶奶，中午去她家吃饭。可是儿子在同学家玩得很开心，中午吵着一定要在同学家吃饭。这位妈妈就开始焦虑了，因为她认为奶奶已经准备了很多饭菜，如果不去吃，就会对不起奶奶。这位妈妈坚决不答应孩子在同学家吃饭的请求，最终孩子又哭又闹，母子俩都非常不开心。所以她问专家这样的事情应该怎么办？

专家问她："你爱不爱你的孩子？想不想跟孩子有一份好的关系？"

她说："我当然爱我的孩子，当然想跟我的孩子有一份好的关系。"

专家说："在这件事情上，是什么阻碍了你们的关系呢？"

她说："我担心我们不去吃饭，她奶奶会不开心。"

专家说："或者到同学家吃饭，或者到奶奶家吃饭，除了这两种选择，还有第三种选择吗？"

她沉思了一会，说："难道先在同学家吃一点，然后再去奶奶家吃？"

专家说："这难道不是一个解决问题的很好的选择吗？"

3. 多给孩子选择权，孩子就能自立

人生最大的自由是选择的自由，人生最大的权利是选择的权利。

当孩子有更多选择权的时候，孩子就能更加自立。可是很多父母都帮孩子安排好了一切，当父母剥夺了孩子的选择权后，孩子不仅会形成依赖，更重要的是孩子未来的生命会充满无力感。

意大利教育专家玛丽娅·蒙台梭利说："教育首先要引导孩子走独立的道路，这是教育关键性的问题。"

《易经》说："天行健，君子以自强不息；地势坤，君子以厚德载物。"自立就是自己的事情自己负责，不依赖别人，靠自己的能力行动和生活，不论碰到什么问题，自己动脑筋思考，用自己的力量去克服困难。

自立是孩子成长的必由之路。可以这样说，人的成长过程就是一个不断提高自理能力的过程。从学会走路开始，我们就获得了一个身体的自

立；当能自己吃饭、穿衣时，我们就有了自立生活的体验；走上工作岗位，能够自己养活自己了，我们就获得了基本自立的人生。自立的生活表现在方方面面，也从方方面面影响着我们的成长和发展。物竞天择、适者生存，谁先自立谁就先取得成功。

案例分享

小蜗牛问妈妈：为什么我们从生下来就要背着这个又硬又重的壳呢？

妈妈：因为我们的身体没有骨骼的支撑，只能爬，又爬不快。所以需要这个壳的保护！

小蜗牛：毛虫姐姐没有骨头，也爬不快，为什么她却不用背这个又硬又重的壳呢？

妈妈：因为毛虫姐姐能变成蝴蝶，天空会保护她。

小蜗牛：可是蚯蚓弟弟也没骨头，爬不快，也不会变成蝴蝶，他什么不用背这个又硬又重的壳呢？

妈妈：因为蚯蚓弟弟会钻土，大地会保护他。

小蜗牛哭了起来：我们好可怜，天空不保护，大地也不保护。

蜗牛妈妈安慰他：所以我们有壳啊！

做人就要学这只小蜗牛，不靠天，也不靠地，靠自己。

依赖心理是一剂毒药，是阻碍一个人自立自强的绊脚石。依赖别人，意味着放弃对自我的主宰。依赖他人的人不能独立思考，缺乏创业的勇气，缺乏社会安全感，永远受制于人，永远被动。他们在困难

面前，总觉得凭自己的能力难以克服，总是低估自己的价值，认为求人办事会更好，最后导致自信心的丧失，并且容易养成好吃懒做，坐享其成的个性。

这样的人犹如一台被他人操纵的机器，完全失去了自我。他们的人生是可悲的。为了避免成为这种人，就必须将依赖心理连根拔除，当思考的脑，不当等令的手。

美国历史上连任四届总统的富兰克林·罗斯福说：“我唯一害怕的是我自己。”一个人把生命的核心交给别人，是多么危险！比如把希望寄托在儿女身上；把幸福寄托在丈夫身上；把生活保障寄托在父母身上……

假设自己是一支箭，若要它坚韧，若要它锋利，若要它百步穿杨、百发百中，磨砺它，拯救它的都只能是自己。

胜人者自胜。若要战胜别人，夺取成功，先得战胜自己。只有认识并挖掘自身的潜能，努力促进自己的能力发展，才能具备独立解决问题的能力，到时自然也就不会求人了。

每一个人都必须养成独立解决问题的能力，遇事求自己，靠自己的能力去解决问题，切莫事事求人。只有自立自强的人，才能更好地在这个社会上生存，才能得到别人的尊重，才能实现自己的价值，才能掌握自己的命运。

著名剧作家易卜生先生曾经说过：“世界上最坚强的人就是独立的人。”是的，因为自立的个人才会有所作为；自立的国家才会不受欺负，实现繁荣富强。著名教育家、思想家陶行知先生也说过：“滴自己的汗，吃自己的饭。靠人、靠天、靠祖上，不算好汉。”这些无疑是说人要学会自立，更要懂得自立。因为总有一天我们会长大，许多事情都要自己解决，自己面对。不能独立地办成任何事情，便无法操纵和把握自己的命运，命运只能被别人操纵。如果你有利用的价值，别人就会利用你；如果你的利用价值没有了，或者已经被利用过了，别人会把你抛弃。

对于大多数中国父母来说，已经习惯用自己的体验替代孩子思考，并且觉得这样是为了孩子好。让孩子多穿一点，是为了不让他感冒；让孩子多吃一点，是不想让他挨饿；为他多报个补习班，是为了他将来更有竞争力……却不曾想过，父母的这种行为会导致什么样的结果。

第一，孩子会对父母感到厌烦。孩子从小就有一种反抗意识，父母越是要他去做某件事情，他对这件事情就会越抗拒。就像很多孩子，一放学父母就要求他们做作业，写完之后才能去玩，最后的结果就是孩子越来越讨厌写作业。

第二，孩子会丧失自我意识。父母要把自己的想法强加在孩子身上这样的做法不仅让孩子厌烦，而且会让孩子渐渐失去自我意识，凡事都要听父母的。

第三，孩子会失去判断力，无法累积经验。当父母看到孩子衣服穿得不多的时候，“他会冷，可能会感冒”是父母的判断，而“不冷”“不会感冒”则是孩子自己的判断。

别忘了，父母的判断是建立在经验之上，而孩子的判断则是切身的感受。如果父母非以自己的判断来代替孩子的判断，无异于把经验凌驾在事实之上。久而久之，孩子就会失去判断力，而且会对父母形成依赖，从而降低独立性。

本节阅读体会

第四章　关爱孩子，快乐成长——四项基本法则

人类不会仅依其所知道而行动，去获取他们想要的成果，很多时候也只会依照感受去行动。一个人是不可能改变另外一个人的，除非他感受到了爱，而且对方给了他不改变的自由！

第一节　快乐法则

苏联教育实践家苏霍姆林斯基说：“请记住，成功的欢乐是一种巨大的情绪力量，它可以促进儿童好好学习的愿望。这是一种内在的力量，缺少这种力量，教育上的任何巧妙措施都是无济于事的。”

印度有一个师傅，对于徒弟不停地抱怨这、抱怨那感到非常厌烦。有一天早上，师傅派徒弟去取一些盐回来。

徒弟很不情愿地把盐取回来后，师傅让徒弟把盐倒进水杯里喝下去，然后问他味道如何。

徒弟吐了出来，说：“很苦。”

师傅笑着让徒弟带着一些盐和自己一起去湖边。他们一路上没有说话。来到湖边后，师傅让徒弟把盐撒进湖水里，然后对徒弟说：“现在你喝点湖水。”

徒弟喝了口湖水。师傅问：“有什么味道?”

徒弟回答：“很清凉。”

师傅问：“尝到咸味了吗?”

徒弟说：“没有。”

然后，师傅坐在这个总爱怨天尤人的徒弟身边，握着他的手说：“人生的苦痛如同这些盐一样有数量，既不会多也不会少。我们承受痛苦的容积的大小决定痛苦的程度。所以当你感到痛苦的时候，就把你的承受的容积放大些，不是一杯水，而是一个湖。”

1. 追求快乐的欲望，逃避痛苦的动力

每一个人都有追求快乐的欲望和逃避痛苦的动力。快乐乃是一种心灵感受。口腹之乐、色相之乐是一种快乐，内心的自我满足也是一种快乐。

人生最长远、最持久的快乐，来自个人自我价值的体现。法国思想家罗曼·罗兰曾说：“快乐不能靠外来的物质和虚荣，而要靠自己内心的高贵和正直。”法兰西第一皇帝拿破仑拥有权力、财富，然而他却说：“在我的一生中，从来没有过快乐的日子。”而女作家海伦·凯勒是位又盲又聋的残疾人，可她却说：“生活是多么美好啊。”

快乐就是享受现在。光脚的还看着穿鞋的眼馋，穿鞋的都看着光脚的舒坦、凉快。单身有单身的乐趣，婚姻有婚姻的幸福；富翁有富翁的荣耀，贫困有贫困的单纯；都市有都市的繁华，乡村有乡村的宁静。

快乐是一种心态。世界最早的成功学大师拿破仑·希尔说：“使你快乐或不快乐的，不是你有什么，你是谁，你在哪里，或你正在做什么，而是你对它的想法。”寻找生活的快乐，就要不以别人的评价衡量自己，勇敢地走过自己的空间；寻找生活的快乐，要从工作中找到乐趣，用欣赏的心情去工作；寻找生活的快乐，要多给予别人帮助，使生活变得更加充实。

案例分享

一位与银行家比邻而居的鞋匠，一天到晚都不停地唱着歌，对人总是笑脸相迎。他对自己的生活与工作都非常满意。

银行家拥有万贯家财，时时对人存有戒心，很少与人有往来。因为怕被偷，晚上更是睡不好，因此经常愁眉不展。

银行家非常想知道鞋匠快乐的秘密。一日，银行家将鞋匠找来并问他：“为何你每天总是过得如此快乐？你能否告诉我你一年赚多少钱呢？”

鞋匠告诉银行家：“先生，我从来不去计算我所赚的钱，只要每天有饭吃我就心满意足了。我的财富并不是因为我拥有的很多，而是我要求的很少。”

寻找生活的快乐，要学会忘记痛苦，记住欢乐，生命欢乐一倍；记住痛苦，生命痛苦一倍。寻找生活的快乐，要有一个健康的身体，因为它是快乐的基础。寻找生活的快乐，一时的成败并不重要，关键是养成快乐的心态。寻找生活的快乐，找到你所喜欢做的事，然后找到愿意雇你来做这件事的人。寻找生活的快乐，搬掉你思想里的那块石头。唯物主义创始人叔本华说：“一个悲观的人，把所有的快乐都看成不快乐，好比美酒饮入充满胆汁的口中也会变苦一样。生命的幸福与困厄，不在于降临的事情本身是苦是乐，而要看我们如何面对这些事。”

正如卞之琳的诗《断章》中所写的那样：“一个人总是仰望和羡慕着别人的幸福，一回头，却发现自己正被别人仰望和羡慕着。其实，谁都是幸福的，只是你的幸福常常感受在别人心里。先贤说，把心沉静下来，什么也不去想，就没有烦恼了。”

心理学家爱德华·迪纳认为：“快乐是一种心情，但更是一种性格，快乐的心情时有时无，但快乐的性格却是时时相伴的”。

那如何让孩子拥有快乐的性格呢？

（1）让孩子拥有自主的选择权

孩子虽小，却有自己的思维方式，父母强加的选择会造成他们潜意识上的不快。让孩子选择自己喜欢的食物、玩具甚至电视节目，将有助于他们时刻保持愉快而舒坦的心情。

（2）教会孩子与人和睦相处

孩子与大人一样，也需要一定的人际关系与社交圈。作为父母要尽量帮他们制造与其他孩子相处的机会，让他们学会如何在集体中寻找欢乐。

（3）不能过分溺爱孩子

物质上过分的给予，并不能给孩子带来精神上的快乐，家长要帮助孩子学会发掘更多物质享受之外的快乐。

（4）培养孩子广泛、持久的兴趣

要帮助孩子在平淡的生活中发现欢乐，就要培养孩子广泛的兴趣，但这种兴趣又不能是三分钟热度，只有持久的爱好才能使孩子既找到乐趣又学到知识。

（5）让孩子从小过有规律的生活

在家里，吃、睡、玩、乐都有相对固定的时间和地点，这样孩子的生活就有规律，孩子秩序感和纪律性就会从小养成。当孩子正玩得开心的时候，家长别强迫他中止正在进行的活动，过于勉强孩子，孩子就会不快乐。

（6）父母定的规矩不能太多，以孩子能遵守为主

规矩不必轻易定出，一旦定出，就必须严格遵守。最好是让孩子自己定，自己定出不遵守处罚办法。

人生中很多的对与错，特别是思想上的，是没有一个绝对的判断标准的，都只是人的一种选择。心灵的愉悦才是快乐的最高境界，选择幸福的思想，就有幸福的结果。

2. 清楚认识孩子的需求

不同阶段的孩子，诉求也不同。0～18 岁，不同的阶段孩子有不同的需求，只有家长了解清楚了这些需求，才能找到解决问题的“金钥匙”。

（1）0～1岁生理期

孕妈妈屏蔽喜悦以外的情绪，孩子情绪模式的种子也就此种下。

很多妈妈怀孕时都会做胎教，胎教是为了舒缓情绪、心情愉悦。但是，很多产妇有产后抑郁症，那是因为她们只要喜悦，把悲伤、恐惧、愤怒这些情绪屏蔽了。人们每天都在经历不同的情绪，如果屏蔽除喜悦以外的其他情绪，情绪就不能正常流动，积压在身体里。等到生了孩子，这些积压的情绪就可能爆发出来，让妈妈抑郁成疾，奶水也没了。

此外，由于胎儿跟妈妈靠脐带连接，脐带里的血液会传导情绪，孩子情绪模式的种子也会由此种下。孩子会像妈妈一样，屏蔽喜悦以外的情绪。可是，恐惧是每个人都有的，当脐带一剪，每个人都有恐惧。悲伤的情绪在某种情况下是很好的，它给人们力量面对以后的事情。而愤怒是一种保护自己的力量。屏蔽了这些情绪，人会缺少灵气，在人际沟通中容易出现问题。

怀孕期的妈妈有情绪，可以找个安全的地方去宣泄，让情绪流动。不存在太多孕后不能做的事，除非做一件事时感到不舒服，那么可以退回来。退回来后如果没问题，那就继续做，并且在做事的时候感受自己的身体变化。

（2）1～3岁情绪发展期

妈妈为了工作经常偷偷离开，孩子会非常恐惧，缺乏足够的安全感。

1～3岁是孩子的情绪发展期。这个时期，很多职场妈妈为了工作会把孩子交给其他人带，而且因为害怕孩子哭闹，经常在孩子睡觉、玩的时候偷偷溜走。这样做的后果是，孩子会非常恐惧，这个世界上最值得信赖的人都会突然离开，孩子会特别缺乏安全感。

这个时期如果要离开，应该清晰地告诉孩子，“我什么时候走、什么时候回来。”孩子会哭闹，但要允许和接纳他这么做，他也知道以后会发生什么。家长必须跟孩子说清楚，“下一步我要做什么”，这样孩子就开始准备，哭闹也是准备的过程，是他难受的表现。这个过程，家长要做的就是帮助和支持，在一旁不带情绪地陪伴。

当然，这种高品质的陪伴很难，当孩子哭闹，家长就会很烦躁，想逃，可逃不掉，就想要控制孩子。那是因为家长也曾经有这样的伤痛、经验，所以很难面对。但如果可能，可以在孩子哭的时候去理解他的感受，告诉他，“妈妈知道你很伤心。”当孩子感觉到妈妈理解他时，他的情绪会渐渐平复。

（3）3～6岁体验符号象征期

孩子的情绪反击越来越大，但家长也会加大控制力度，用尽各种招数。

3～6岁的孩子喜欢问“为什么”，并寻找答案。面对这么多“为什么”，家长常常会感到烦躁，不愿意解答。这个时期，孩子也开始对性敏感，会问“我是从哪里来的”，但很多成年人却对此遮遮掩掩。有些妈妈会说：“你是从公厕捡来的”。孩子听到的那一刻，会觉得“我是被嫌弃的，没有价值”。

如果孩子不能很好地面对困惑和探索，就会变得犹豫，成年后产生选择恐惧症也是由此而来。另一个则是讨好。当家长成功控制孩子时，他会呈现出讨好的效果，但如果孩子的需求得不到满足，成人之后会出现沟通障碍。所以，当孩子提问时，家长应该如实地回答，不要遮掩和隐瞒。同时，当孩子开始说“不”时，我们要相信他做的决定。

（4）6～12岁家庭角色期

父母在家庭里的角色，会影响孩子今后成为怎样的人，以及与配偶的关系。

6～12岁是家庭角色期，爸爸该做什么，妈妈该做什么，男人该做什么，女人该做什么，这些角色都要清楚。譬如一提到女人要干家务活，就有人不服气说：“我也在挣钱、工作，为什么还要干那么多?”你当然可以不服气，但你的孩子怎么办？他也会找一个不干家务活的妻子，因为他觉得是正常的，随之家庭里的角色也会因此而混乱，常常出现“赢了理、输了情”的局面。

父母做好自己的角色，对孩子而言就是最大的帮助。父母做好自己的角色，孩子也会做好自己的角色。很多成年人经常喜欢问“为什么”，就是因为在3～6岁时没有过渡好，或是在6～12岁时家庭角色出现混乱。这个时期，孩子也非常需要父母的认可，他们的情绪模式在这个时期会完全定下，可以说未来的人生剧本也已经写完。

（5）12～18岁反省及推理演绎期

父母只说不做会让孩子不服气，干涉和打击则阻挠他们对梦想的追求。

6～12 岁定好了角色，12～15 岁就开始演绎人生剧本。这个时期，孩子会把之前学到的东西拿来验证，看可不可行。他们开始不怎么说话，但内心却在翻江倒海。他们常常看着父母，看父母有没有只说不做，然后心里开始不服气。

事实上，成年人的不服气常常来自父母说一套做一套，而一个不服气的人无法跟社会上的其他人好好相处，例如对上司的命令不服从，这样的结果会很惨。此外，面对孩子的成长，做家长的很想干涉，让他往自己设定的方向走，或者直接打击孩子。但孩子会挣脱，他此时已经有了自己的梦想，只要家长愿意支持，这个梦想就可以变得很大。

15～18 岁是推理演绎期。在此之前，孩子是听不进道理的，如果他讲道理，那他完全是模仿。但到了 15 岁，大脑发育完全，他们能够理解很多事情。这个阶段，孩子也开始导演自己的人生剧本了。

父母要说到做到，信守承诺，也要相信孩子，支持他们的梦想和选择。现在的家长总是耐不住等待，对孩子有什么要求，孩子马上就要做到。教育也是一样，今天学了明天考，考不好就是没有好好听课，却从不管孩子消化了没有。家长培养孩子其实就该像农民播种，时间到了浇水、施肥，其余就是等待，若对孩子过分专注，反而容易毁了孩子。

3. 给予孩子无条件的爱

有一则寓言，讲的是北风和南风比威力，看谁能把行人身上的大衣脱掉。北风大发威力，寒气逼人，结果行人把大衣裹得更紧；南风徐徐吹拂，春暖花开，行人脱下大衣。和风细雨、如沐春风，可以轻而易举地让孩子“脱掉大衣”，达到教育的目的，收到更好的教育效果。反之，家长怒对孩子，拍桌打椅，当众讽刺、挖苦，甚至体罚，不仅不会起到好效果，反而会引起孩子的不满和对立情绪，有时还会产生对抗心理，会使孩子把“大衣裹得更紧”。

给予孩子无条件的爱。教育的力量来自尊重和宽容、关怀和给予。教育就是润物细无声。只有拥有“了解、理解、关怀、给予和责任”的爱的教育，才能给人以无穷的力量。

本节阅读体会

第二节　接纳法则

1. 接纳自己

所有外在的世界，都是我们内心世界的投射，人们所看到的别人身上的缺点，其实都是自己不接纳的自我的缺点，投射在别人的身上。

接纳自己的有限，才能接纳别人的有限，世界才是无限的！家长不能不接纳孩子不足的背后，是因为不能接纳自己。只有当家长接纳了自己，才能够真正地接纳孩子。

那家长应该如何接纳自己呢？

首先，要接纳自己的不完美，人的心灵有很多的美丽的特质，比如：爱、勇气、力量、正直、智慧、慈悲、善良、可爱……同时人的心灵也有阴影的层面：胆怯、贪婪、自私、懒惰、脆弱、报复……

这两个部分都存在于人们的内心，可是人们只喜欢看到心灵中美丽特质的部分，却不愿意去看见心灵中阴影的部分。可是这些特质并不会因为

人们不愿意去看而消失，只会在潜意识中隐藏起来。当人们越要去逃避这些消极特质的时候，它们就越想引起人们的注意。

通常的表现方式就是：潜意识把这些消极特质投射在别人的身上，不让自己看见。所以人们经常会对别人生气、对别人失望……其实都是自己内在阴影的部分在呼唤自己去看见、去接纳自己的这个部分。那我们怎么做呢？首先要去看见消极特质的存在，对它们说：“我看见了你。”其次要去感谢他们，因为每一个阴影曾经都保护过自己。对它们说：“谢谢你曾经保护了我。”最后要去转化，因为每一个阴影特质的背后都有正面意义：胆怯的背后是安全，贪婪的背后是争取，自私的背后是爱自己，懒惰的背后是等待，脆弱的背后是敏感，报复的背后是追求公平。当我们看见这些正面意义的时候，对它们说：“我现在已经长大了，我会把你留在我心中的博物馆里珍藏，而会带着你的正面意义开始我新的人生！”

其次，要接纳自己的过去。人们往往对过去生命中发生的好的部分是接纳了，而对于过去生命中发生的不好的事情不愿意去面对，会选择性遗忘。可是生命中所有发生的事情都是生命的礼物，那些所谓的不好的事情都是生命的“珍珠”，只是包装有点丑陋而已。

德国哲学家尼采曾说过：“否认过去就意味着否认自身的存在。”如果我们不肯面对过去，过去就会成为我们的包袱，让我们无法自由前行，只能在同一个圈子里打转。只有接纳自己的过去，才能拥有选择人生方向的自由。

其实生命中没有失败，如果生命中发生的事情如我们所愿，那我们一定会得到一些东西，如果生命中发生的事情不是我们想要的，那我们在这件事件里一定会有所学习。所以，人生经历过的每一件事情，都能找到其正面的意义和力量，带着这些正面的意义和力量，来过好我们生命的每一天。

互动练习

现在请你闭上你的眼睛，想象你站在自己的对面。接下来请你去看看自己的眼睛，或许你从来都没有去看过自己的眼睛。现在你就站在自己的面前，当你看着自己的眼睛的时候，有什么感觉呢？你从自己的眼睛里看到了什么渴望吗？对面的这个人一直跟你在一起，形影不离。你开心的时候，他（她）分享你的快乐，你失落的时候，他（她）默默地陪伴着你，或许他（她）曾陪伴你走过生命中最困难的一段时光，他（她）无怨无悔。可是你有没有好好地欣赏过他（她），有没有好好地珍惜过他（她），很多次你都是在埋怨他（她），你总觉得他（她）做得还不够好，总是觉得他（她）做得不如别人。你没有看见他（她）的努力，你有没有看见他（她）的不容易，一路走来，走到今天，他（她）已经尽了他（她）最大的努力！我想再次邀请你看着他（她）的眼睛，对他（她）说："对不起，我曾经忽略了你，我曾经离开你太久了。请你原谅我！但是我今天终于看见了你，我看见了你的努力，谢谢你为我所做的一切，谢谢你！我向你承诺，从今天开始我会好好爱你，好好欣赏你，好好珍惜你！永远跟你在一起！谢谢你，我爱你！

想象给自己一个拥抱，那个你从未拥抱过的自己！

2. 接纳父母

一个人要成功、要快乐，只有一条路，那就是回到原生家庭去接纳父母，接纳父母是一个人成功、快乐的源泉。有很多人在成长的过程中经历了一些伤痛，所以他们会觉得父母并不爱他们，有的甚至会恨父母。如果我们不去转化这个部分，将很难让自己的人生变得幸福快乐。那么，该如何去接纳父母呢？

如果有些人不接受父母的一些行为，那首先要将父母和他们的行为分开。你可以不接受他们的行为，但是他们仍然是你的父母，他们给了你生命，你必须尊重这个事实，在人的层面去接纳父母。其次，你要站在他们的角度，试着去理解他们，世界上没有不爱自己孩子的父母，只是爱的方式不同。

父母经历了比我们更艰难的成长环境，他们的生命里有更多的创伤，他们已竭尽所能做到了最好的程度。很多时候我们会抱怨，抱怨父母为什么不给自己更多，为什么对待几个孩子不公平，为什么不能更好地养育我们。但如果我们试着去了解父母的内心，听听他们的童年，或许我们就能理解他们了。

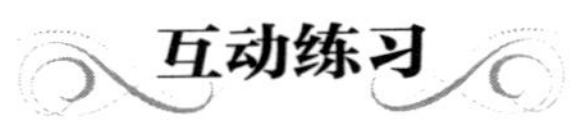

接纳父母

放松呼吸，闭上眼睛，两肩放松。

闭着眼睛，想象你的父母就站在你面前，面对着你。父亲站在你的左前方，母亲站在右前方。

在心中对着他们说以下的话，如果有情绪涌出，不要克制。首先对爸爸说：“爸爸，您是我唯一的爸爸，自从我出生的那一刻起，您就拥有了做我爸爸的所有资格。我完全接受您成为我的爸爸，也接受因此而需要付出的所有代价，包括那份辛苦，也请您接受我成为您的孩子。生命经由您和妈妈传给我，您已经给了我足够的爱、勇气和力量，这些对我已经足够了，就算我还有其他需求，我自己可以在其他地方取得。我会好好地运用您所给我的生命，去做有意义的事情，去建立一个成功、快乐的人生。在适当的时候我会成立自己的家庭，照顾好另一半，教育好小孩，将我的生命传承下去。我会好好地照顾他们，帮助他们成功快乐，我用这些方式表示我对您的崇敬与感谢，让您以我为荣。

“爸爸，我会把您放在我心中最重要的位置，让您能感受到我的爱，也希望您能把我放在您心中最重要的位置，让我能感受到您的爱。”

“爸爸，谢谢您！爸爸，我爱您！”

然后想象自己和爸爸拥抱在一起。

接着对妈妈说：“妈妈，您是我唯一的妈妈，自从我出生的那一刻起，您就拥有了做我妈妈的所有资格。我完全接受您成为我的妈妈，也接受因此而需要付出的所有代价，包括那份辛苦，也请您接受我成为您的孩子。生命经由您和爸爸传给我，您已经给了我足够的爱、勇气和力量，这些对我已经足够了，就算我还有其他需求，我自己可以在其他地方取得。我会好好地运用您所给我的生命去做有意义的事情，去建立一个成功、快乐的人生。在适当的时候我会成立自己的家庭，照顾好另一半，教育好小孩，将我的生命传承下去。我会好好地照顾他们，帮助他们成功快乐，我用这些方式表示我对您的崇敬与感谢，让您以我为荣。

“妈妈，我会把您放在我心中最重要的位置，让您能感受到我的爱，也希望您能把我放在您心中最重要的位置，让我能感受到您的爱。”

“妈妈，谢谢您！妈妈，我爱您！”

然后想象自己和妈妈拥抱在一起。最后和爸爸妈妈拥抱在一起……

《生命之初的祈祷》

作者：海灵格

亲爱的妈妈，
我接受你给我的一切，
所有这一切，还有全部后果。
我接受你为之付出的代价，
和我为之付出的代价。
我将做一些有益的事情，
来纪念你、感谢你和尊敬你，
你的付出肯定不会白费，
我会牢牢地抓住它，把它放在我心中。
就好像你做的一样，
我会尽力把它传下去。
我接受你做我的母亲，

你也可以把我当作你的女儿。

只有你才是我的母亲，我是你的孩子。

你很伟大，我很渺小。

你付出，我接受。

亲爱的母亲，

很高兴你接受父亲做你的丈夫，

你们两个是我真正的父母。

亲爱的爸爸，

我接受你给我的一切，

所有这一切，还有全部后果。

我接受你为之付出的代价，

和我为之付出的代价。

我将做一些好的事情，

来纪念你、感谢你和尊敬你。

你的付出肯定不会白费，

我会牢牢地抓住它，把它放在我心中。

就好像你做的一样，

我会尽力把它传下去。

我接受你做我的父亲，

你也可以把我当作你的女儿。

只有你才是我的父亲，我是你的孩子。

你很伟大，我很渺小。

你付出，我接受。

亲爱的父亲，

很高兴你接受母亲做你的妻子，

你们两个是我真正的父母。

3. 接纳孩子

当我们接纳自己、接纳父母以后，就有更大的接纳度来接纳孩子了。接纳孩子并不是溺爱孩子，我们无条件接纳孩子的情绪，有条件接受孩子的行为。对孩子我们是无条件地爱，可是对孩子的一些行为，我们是有规则和制度的。

那我们要如何接纳孩子呢？

第一，我们要接纳孩子的各种情绪。

第二，我们要接纳孩子的独特性。

第三，我们要接纳孩子渴望受到重视和关注的需求。

第四，我们要接纳孩子需要爱与被爱的需求。

第五，我们要接纳孩子需要归属感的需求。

第六，我们要接纳孩子需要被尊重的需求。

第七，我们要接纳孩子需要被欣赏的需求。

接纳孩子

现在请你闭上眼睛，想象你的面前站着你的孩子。接下来去看着孩子的眼睛，当你看着孩子眼睛的时候，有什么感觉呢？我想请你对孩子说一段话："孩子，谢谢你走进了我的生命，你给我带来了希望和快乐！我想对你说声谢谢！过去我因为安全感和成就感的原因，给你造成过一些伤害，我想跟你说声对不起，请你原谅我！我向你保证，从今天开始，我会更加爱你，给你更多的选择权，给你更多的支持，让你更自白地活出自己生命的精彩！孩子，我爱你！"

然后想象跟孩子紧紧地拥抱在一起。

对孩子的祈祷文（摘自网络）

爸爸妈妈的心肝宝贝，

很感谢有你的陪伴。

你是独一无二、与众不同的好孩子。

你拥有独特的、了不起的天赋和才能，

你是为了实现某种只有你才能完成的目标而来。

你对我们非常重要，

你是为了教导我们如何爱而来的。

你对我们的意义非凡，

你是上天赐给我们的宝贝，

你是我们独一无二的宝贝，

你是完美无缺的宝贝，

你有着清净无染、神圣完美的本质。

在你的成长过程中，也许将面对某种情况、某些处境，

是你无力抗拒，也无从选择的，

但这些磨难一定会给你的生命留下成长印记。

请原谅并释放过去由于爸爸妈妈对爱的误解、不懂爱的真谛，

而给予你的错误对待和错误表达，

让你必须面对和承受一些你无力控制和无力改变的情况，

以至于曾经让你愤怒、悲伤、无奈和委屈。

过去爸爸妈妈也许有意无意地伤害了你的心，

那是源自爸爸妈妈内在伤痛的投射。

过去爸爸妈妈和你有过的冲突、误会，

是爸爸妈妈内在阴影的投射，

并不是你不好，也与你无关，

更丝毫不影响你的清净本质。

现在，我们请求你的理解、宽恕和原谅。

曾经带给你的恐惧、害怕、困扰或障碍，

那一切都是虚幻不实的，

因为，真正的你具有完全清净光明、圆满无瑕的本质！

从这一刻起，

过去的愤怒、悲伤、压抑、失落、不被接受、不被爱的痛苦，

都完完全全地释放了！都完完全全地转化了！都完完全全地消失了！

人世间所有真善美的事物将时时刻刻陪伴着你健康快乐地成长！

而你与生俱来的智慧、善良慈爱的心性，

也将永远陪伴着你、引导着你、支持着你、祝福着你！

宝贝，你将为这个世界增添许许多多的慈爱、幸福、温暖与美好！

宝贝，我们以你为荣！感谢！

本节阅读体会

第三节 独立法则

孩子有独立的灵魂，是一个独立的个体，他没有必要，也没有义务迎合我们的期待和价值观。他是一个独立的生命，他有他自己的使命，我们要尊重他，给予他选择权。

1. 孩子是一个独立的生命

孩子的生命是怎么来的呢？这是一个很深奥的问题，或许大多数人都认为孩子的生命来自父亲的精子和母亲卵子的结合。很多宗教认为，当精子与卵子结合的时候，必须有一个所谓的"灵魂"的进入才能形成生命。所以父母并没有创造孩子的生命，父母只是激活了孩子的生命！

当我们有这样的信念的时候，就会把孩子当成一个独立的个体、独立的生命，就会去尊重孩子、接纳孩子、理解孩子。可是有时候，有些父母会把孩子当作是自己的私有财产，会去控制孩子、支配孩子，甚至打骂孩子。他们不会把孩子当成独立的个体来尊重，也不会重视孩子的需求和愿望。有些孩子可能因为顺从和成就而被视为好小孩，但是这些孩子的自我价值是建立在讨好父母的基础上，这种情况容易让孩子学会去讨好具有权威形象的人，他们的自我价值感一直和是否讨好别人有关，而不是来自内心对自己的评估。同时也有许多小孩无法满足父母、老师的期望，因而觉得自己能力不足、不受欢迎、没有价值，从而缺乏安全感。

所以作为父母，为了孩子有更健康的人格和幸福的未来，就应该把孩子看成独立的个体、独立的生命去尊重、去接纳，给予孩子真正的爱！

《论孩子》

作者：纪伯伦

你们的孩子，都不是你们的孩子，
乃是“生命”为自己所渴望的儿女。
他们是借你们而来，却不是从你们而来，
他们虽和你们同在，却不属于你们。
你们可以给他们爱，却不可以给他们思想。
因为他们有自己的思想。
你们可以荫庇他们的身体，却不能荫庇他们的灵魂，
因为他们的灵魂，是住在“明日”的宅中，那是你们在梦中也不能想象的。
你们可以努力去模仿他们，却不能使他们来像你们。
因为生命是不倒行的，也不与“昨日”一同停留。
你们是弓，你们的孩子是从弦上发出的生命的箭矢。
那射者在无穷之中，看定了目标，也用神力将你们引满，
使他的箭矢迅疾而遥远地射了出去。
让你们在射者手中的“弯曲”成为喜乐吧；
因为他爱那飞出的箭，也爱了那静止的弓。

所以请放弃将孩子视为自己私有财产的错误想法，把孩子看成独立的生命个体。父母和孩子是平等的，而不是传统观念里孩子是父母的附庸，如“我是你爸，你得听我的”“妈曾经有个梦想未能实现，希望你能去达成”“我生了你、养了你，你就得按照我安排的路去走”之类的潜意识想法。

父母仅是激活了孩子的生命，而不是创造了孩子的生命，视养育孩子为自己的义务而非给予孩子的恩情，故而父母没理由将“父母的恩情”作为资本，要求孩子按照自己的意愿走人生之路。

将孩子视为独立的个体，引领生命而不是控制生命，还孩子一个自由自在的灵魂，相信孩子可以走好自己的路。

2. 平等的人格，不同的角色

有一位老师，她每次迎来新班级的时候，都会给新班级的学生讲一段话，她说：“同学们，虽然我是你们的老师，但是在人格上我们是平等的，只是在角色上我是个老师，你们是学生，只是分工不同而已。所以你们要把学生这个角色做好，我也会把老师这个角色做好！让我们一起创造一个尊重、关爱、民主、严谨的班级氛围！”

这位老师因为有这样的想法，所以她会尊重学生，关心学生，创造民主而又严谨的班级氛围，深得同学们的尊重、爱戴，同学们一直把她当作自己的良师益友！

作为父母也是一样的。孩子是一个独立的个体，父母在人格上跟孩子是平等的，只是角色分工不同而已。父母没有权利让孩子活出父母的梦想，孩子也没有义务来活出父母的期待。作为父母，能做的就是尊重孩子，接纳孩子，关心孩子，同时用生命经验去引领孩子。

经典欣赏

《我和你的目标》

作者：维吉尼亚·萨提亚

我想爱你而不用抓住你
欣赏你而不需批评你
和你齐参与而不会伤害你
邀请你而不必强求你
离开你也不需说歉疚
批评你但并非责备你
并且帮助你而没有半点看低你
那么我俩的相会就是真诚的
而且能彼此润泽

3. 关爱告白

孩子的潜意识是非常敏感的，父母的一些想法、语言、表情、心情等都会对孩子的心理产生影响。

比如在一个重男轻女的家庭里，如果生了一个女孩，父母失望的情绪会影响到这个女孩未来对自己的身份的认同和接纳。这个女孩在潜意识深处就要做个男人，处处要强，要跟男人去竞争，她要向父母证明，自己不比男人差。这可能会造成女孩不能真正做自己，可能会活得很辛苦，甚至

因为不接纳自己是个女人而产生女性器官的疾病。

又比如在一个父母还没有准备好迎接新生命的家庭里出生的孩子，父母不欢迎这个孩子到来的情绪会影响到孩子未来的自我价值，孩子会觉得自己是不被欢迎的，是不够好的。这样的潜意识想法就阻碍了他未来人生的幸福快乐。

无论是家长还是孩子，在成长的过程中都可能或多或少地经历过一些创伤。找到了创伤的根源，家长就可以用关爱告白来疗愈自己和孩子。

疗愈自己的方式可以把下面的关爱告白录音，每天晚上放录音的时候，想象自己是个孩子，在接受中疗愈自己。

疗愈孩子的方式就是每天晚上孩子睡觉前躺在床上的时候，根据孩子的不同阶段，用温和的声音，读给孩子听，直到孩子睡着为止。

互动练习

关爱告白（摘自网络）

（1）婴幼儿关爱告白

欢迎到这个世上来，我一直在等你来。

我好高兴有你在这里，

我已经预备好一个适合你居住的地方。

我就喜欢你这个样子，

不管怎么样，我都不会离开你。

你的需要在我看来都是很好的，

我会给你你需要的一切，来使你的需要获得满足。

我真高兴你是个男孩（女孩），

我要照顾你，而且也很高兴这么做。

我喜欢喂你，给你洗澡，替你更换衣服，花时间陪伴你。

全世界没有另一个像你的人，

你出生的时候，上帝都在微笑。

(2) 幼儿期关爱告白

小乖乖，好奇，想拿东西、看东西、摸东西和尝东西都没有关系，我会让你安全地去探索周遭环境。

我就爱你这个样子，小乖乖。

让我来照顾你是无妨的，小乖乖。

向人说“不”是无妨的，小乖乖，我很高兴你想要做你自己。

我们两个都生气也没什么关系，我会把问题解决掉的。

你照自己意思做事的时候觉得害怕，是无妨的。

在事情解决不了的时候觉得悲伤，是无妨的。

我不管怎样都不离开你！

你可以做你自己，但仍然可以相信我会在那儿陪你。

我喜欢看着你学习走路和讲话。

我喜欢看着你脱离父母，开始长大。

我爱你、看重你，小乖乖。

(3) 学前期关爱告白

小乖乖，我喜欢看着你长大。

我会在这里陪着你，让你能够去实验你的“疆域”，找出你的“界限”

所在。

你是可以为自己着想的，你可以想想自己的感受，也可以对你正在想的事情有所感受。

我会替你设下“界限”，好帮助你找出你是谁。

我就喜欢你这个样子，小乖乖。

你可以与别人不同，可以对事情有自己的看法。

去想象一些事情是无妨的，不必担心它们实现不了该怎么办。

我会帮助你把幻想与真实分别开来。

我喜欢你是个男孩（女孩）。

虽然你正在成长，但是哭一哭也无妨。

你能找出你行为的结果，对你是很好的。

你可以要求你想要的，

如果有事情困扰你，你可以提出疑问。

你不需要为父母的婚姻负责。

你不需要为你爸爸负责，

你不需要为你妈妈负责，

你不需要为这个家庭里的问题负责，

你可以去弄清楚你是谁。

（4）学龄期关爱告白

小乖乖，你可以在学校里做你自己。

你可以为自己挺身而出，而我也会支持你。

你可以按照自己的方式去学着做事情。

你可以考虑一些事情，并且在接纳它们成为你自己之前，先试上一试。

你可以相信自己的判断，你只需要接受选择之后所生出的结果。

你可以按照自己的方式做事情，也可以不同意别人的做法。

我爱你现在这个样子，小乖乖。

你可以信任你的感受，如果你害怕，就告诉我。

你可以感到害怕，那是没有关系的，我们可以谈一谈。

你可以选择自己的朋友。

你可以按别的孩子衣着的方式穿衣服，也可以照自己的方式去穿衣服。

你有权拥有自己想要的东西。

我愿意在任何情况下，和你在一起。

我爱你，小乖乖。

本节阅读体会

第四节 信念法则

1. 皮格马利翁效应

首先来看一个案例。

案例分享

在希腊神话中，塞浦路斯的国王皮格马利翁是一位有名的雕塑家。他精心地用象牙雕刻了一位美丽可爱的少女，他深深爱上了这个“少女”，并给她取名叫盖拉蒂。他给盖拉蒂穿上美丽的长袍，并且拥抱它、亲吻它，他真诚地期望自己的爱能被“少女”接受，但它依然是一尊雕像。

皮格马利翁感到很绝望，他不愿意再受这种单相思的煎熬。于是，他带着丰盛的祭品来到阿弗洛蒂忒的神殿向她求助，他祈求女神能赐给他一位如盖拉蒂一样优雅、美丽的妻子。他的真诚期望感动了阿佛洛狄忒女神，女神决定帮他。

皮格马利翁回到家后，径直走到雕像旁，凝视着它。这时，雕像发生了变化，它的脸颊慢慢地呈现出血色，它的眼睛开始释放光芒，它的嘴唇缓缓张开，露出了甜蜜的微笑。

盖拉蒂向皮格马利翁走来，她用充满爱意的眼神看着他，浑身散发出温柔的气息。不久，盖拉蒂开始说话了。皮格马利翁惊呆了，一句话也说不出来。皮格马利翁的雕塑成了他的妻子，皮格马利翁称他的妻子为伽拉忒亚。

人们从皮格马利翁的故事中总结出了“皮格马利翁效应”：期望和赞美能产生奇迹。你期望什么，你就会得到什么，只要充满自信的期待，只要真的相信事情会顺利进行，事情就一定会顺利进行。相反，如果你相信事情会不断地遭到阻力，这些阻力就会产生。成功的人大多都会培养自己充满自信的态度，相信好的事情会一定发生，这就是心理学上所说的皮格马利翁效应。

皮格马利翁效应留给我们这样一个启示：赞美、信任和期待具有一种能量，它能改变人的行为。当一个人获得另一个人的信任、赞美时，他便感觉获得了社会支持，从而增强了自我价值，变得自信、自尊，获得了一种积极向上的动力，并尽力达到对方的期待，以避免对方失望，从而维持这种社会支持的连续性。

一个人总要努力成为他想要成为的那个人。在华沙，一群儿童在嬉戏，一个吉卜赛女巫托起一位小姑娘的手，看了看说：“你将会世界闻名！”多年后预言应验了，这位小姑娘就是后来的居里夫人。

你或许听过这个故事，但未必会去想其中的道理。其实，世上没有什么准确的预言，是女巫给了居里夫人积极的心理暗示，即一种成功的信念，它能引导人走向成功。

心理暗示是指通过语言、手势、表情等方式施加心理影响的过程，暗示的结果是使受暗示的人在心境、情绪、兴趣、意志方面发生变化。

积极的心理暗示带给孩子的是积极的认识和体验。与说理教育相比，暗示教育能融洽教育者与被教育者之间的关系。暗示教育进行过程中，应含蓄而委婉，避免说理教育给孩子带来的压抑感，让孩子于无形中养成良好的道德认识和行为举止，以及坚强的情感意志。

据调查，大部分在品质、意识和智力方面有杰出表现的人，年幼时期都感受过来自父母的积极暗示。积极暗示最大的特点就是“暗”，在潜移默化、不知不觉中影响孩子稚嫩的心灵。暗示用得好，就像一阵润物无声的细雨，悄消滋润着孩子稚嫩的心灵。幼小的孩子在心理上具有容易接受暗示的特点，可塑性很强。所以，父母应注意善用积极暗示，避免消极暗示。

要正确运用心理暗示，对孩子采取有效且有益的教育，父母可以从以下几个方面入手。

（1）勇于让孩子尝试

父母不要因为孩子小，就什么事也不让孩子做；也不要因为孩子做不好，就不让孩子尝试；更不要在孩子失败之后，发出“就知道会是这样”的感叹。

而要不断地让孩子尝试，因为尝试对于孩子来说，是难得的生活经验，是成长过程中积累的财富。失败是成功之母，所以父母对待孩子应多鼓励、少责罚，更不能借题发挥，翻旧账，或根据心情来实施“管教”。

（2）多给予鼓励和表扬

心理暗示的关键，在于让孩子有积极的心理体验。表扬好似一道阳光，能给人带来温暖和希望。对孩子做得好的地方，要及时给予鼓励和表扬，不断增强孩子勇于进取的信心和动力。孩子的心灵就像一家银行，父母不断贮存赏识、肯定和关爱，孩子就会在关爱中成长。

促使孩子发展的不是批评，而是肯定、鼓励、赏识。如果孩子从小被批评包围，就会产生逆反心理，有了逆反心理，错误不但不会改正，反而会强化，长处也可能会被埋没。因此，父母要学会原谅孩子鲁莽、粗心、善忘等小过失，宽容地对待孩子。父母对孩子的责备应该只针对其行为，而不触及他的人格和自尊。

（3）相信你的孩子“能行”

美国著名心理学家罗森塔尔说：“孩子有了天才的感觉，就会成为天才；有了英雄的感觉，就会成为英雄。”相信你的孩子“能行”，永不放弃你的孩子。甚至你的孩子一无是处，作为父母的也一定要相信自己的孩子“能行”，这种信心会展现出一种可为的态度，这样的态度会推动孩子去做，从而取得意想不到的效果。

这种信念，也会让孩子读出父母对自己的信心，从而发愤努力上进；如果父母对孩子失去了信心，孩子就会破罐子破摔，用一生去酝酿失败。对孩子有信心，正是许多父母教子成功的秘诀。父母对孩子的成长有所期待，这些期待正是塑造孩子思想行为的家庭动力。

（4）引导孩子树立远大理想

《财富》杂志每年都会列出全球最富有的100个人，这些富豪中，大部分从小就有发财的欲望。57%的全球巨富在16岁之前就想到了开自己的公司，3%的全球巨富在未成年之前已做过至少一桩生意。

一个人如果没有远大的理想，永远不会产生美好的结果。

（5）给孩子树立榜样

榜样的力量是无穷的。可借助于革命领袖、英雄模范等伟大杰出人物，以及文艺作品中的正面典型形象，来影响、教育孩子，也可引导孩子向身边的同学、老师、亲朋和社会上各行各业的优秀人才学习。

（6）不要给孩子贴反面标签

美国心理学家贝克尔说：“人一旦被贴上标签，就会按照标签所标定的去塑造自己。”例如：“我的孩子贪玩！”“我的孩子性格内向！”

父母往往会这样评价自己的孩子，其实这对孩子是一种很大的伤害。如果能改成这样：“我的孩子聪明！”“我的孩子最近进步很大！”相信在父母正面的引导下，孩子会一天天地取得好成绩。

2. 罗森塔尔期待效应实验

1960 年，哈佛大学的罗森塔尔博士曾在加州一所学校做过一个著名的实验。

新学期，校长对两位教师说：“根据过去四年来的教学表现，你们是本校最好的教师。为了奖励你们，今年学校特地挑选了一些最聪明的学生给你们教。记住，这些学生的智商比同龄的孩子都要高。”

校长再三叮咛：要像平常一样教他们，不要让孩子或家长知道他们是被特意挑选出来的。

这两位教师非常高兴，更加努力教学了。

我们来看一下结果：一年之后，这两个班级的学生成绩是全校中最优秀的。

知道结果后，校长不好意思地告诉这两位教师真相：他们所教的这些学生智商并不比别的学生高。这两位教师哪里会料到事情是这样的，只得庆幸是自己教得好了。

随后，校长又告诉他们另一个真相：他们两个也不是本校最好的教师，而是在教师中随机抽出来的。

正是学校对教师的期待，教师对学生的期待，才使教师和学生都产生了一种努力改变自我、完善自我的进步动力。这种企盼将美好的愿望变成现实的心理，在心理学上称为“期待效应”。它表明：每一个人都有可能成功，但是能不能成功，取决于周围的人能不能像对待成功人士那样爱他、期望他、教育他。

案例分享

一位心理学家把学生随机分成了A、B两个班，然后告诉老师说：“根据我们严格的测试，把聪明的孩子分到了A班，把不聪明的孩子分到了B班。”三年后，A班孩子的成绩远远超过了B班。随机分的班级，为什么造成了这么大的差异呢？因为这是老师的信念造成的。当老师第一次到A班去上课的时候，想想A班这么聪明的孩子，心情非常愉悦。她问了学生一个问题：“同学们，地球是圆的，还是方的？”如果同学们回答地球是圆的，老师就想：孩子们好聪明呀，这么小就知道地球是圆的；如果同学们回答地球是方的，老师就想：同学们好有创造力呀，居然可以把地球想象成方的。当老师到B班去上课的时候，想想B班的孩子这么笨，即使自己教得再好都没有用，心情非常郁闷。她问了学生一个问题：“同学们，地球是圆的还是方的？”如果同学们回答地球是圆的，老师就想：孩子们好没有创意呀，地球是圆的谁不知道呀；如果同学们回答地球是方的，老师就想：果然这群孩子好笨，居然连地球是圆的也不知道。

因为老师的信念，学生们不断被暗示，所以三年后两个班的成绩差距就非常大。

作为父母，你们是怎么看你们的孩子的呢？

本节阅读体会

第五章　焦点在哪里，能力就在哪里——五大能力

第一节　学会爱的存款能力

人与人之间的关系很微妙，有一位领导因为手下在工作上犯了错误，把手下骂了个狗血喷头，可是那位手下被骂后还是很服服帖帖的。可是另外的一些领导也因为这位手下做错了事去骂他，可是那位手下却拍桌而起，说："老子不干了!"

同样是骂人，为什么结果会不一样呢？背后的原因是什么？这个是我们要去探索的。

原来，第一位骂下属的领导，是他把这位下属招进来并一手培养的，并且在平时给了这位下属很多的照顾，这就相当于他在关系的银行里存了很多"钱"，下属对他有很多感恩。所以他训斥一下下属就相当于在自己的存款里取点钱，当然没有问题。而另外一些领导，平时对这个下属没有什么感情投入，训斥下属就相当于在银行没有余额却去取款，所以就透支了。

1. 情感银行

我们在人际关系里，引进了一个新的概念，叫作“情感银行”。人与人之间，就相当于一个账户，我们在这个账户里存款越多，关系就越好，反之，关系就越差。

情感银行的关系如下图：

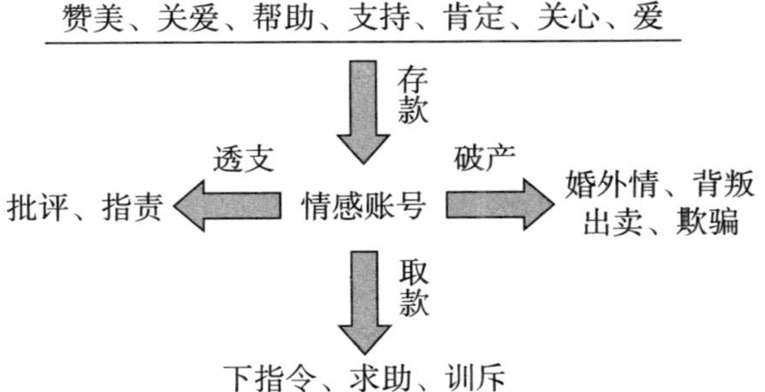

从图中可以看出，在关系里，如果我们给予对方赞美、关爱、帮助、支持、肯定、关系、爱的时候，这个时候就相当于在关系的账户里存款。

如果经常给对方下指令、求助、训斥，这就相当于是在关系的账户里取款。

如果经常批评、指责对方，关系的账户就会透支。

如果出现背叛、欺骗婚外情、出卖等行为，关系就会破产。

关系的秘密就是平时要不断在关系的账户里“存钱”。

案例分享

有一位家长，因为平时工作很忙，所以很少有时间陪孩子。孩子对他不亲，他讲的话孩子也不愿意听。自从学了情感银行这个理念以后，他认识到关系中存款的重要性。所以他一有空闲的时间就回家陪儿子，还经常带儿子到户外疯上一把，跟儿子玩打仗的游戏，每次抓到儿子，就把他倒立着提起来，或者将他扛在肩膀上，顶在头顶上，让他充分体验到父亲的力量以及男人的与众不同。

儿子非常喜欢这种游戏，也非常喜欢被爸爸“逮住”，更喜欢被爸爸用各种各样的方式变着花样折腾。

因为工作的关系，他一有空闲就会收集有趣的图片，把这些图片组合起来，然后配上一些文字，再做成动画放给儿子看。这一招非常讨儿子的欢心。

同时，他开始对儿子表达他的爱，并且一旦发现孩子的闪光点，就马上对其鼓励肯定。三个月后，儿子跟他的关系变亲密了，而且也愿意听他的建议了。

家长对孩子平时要多肯定、多欣赏、多支持、多关心、多关爱、多鼓励……当家长平时有很多情感存款的时候，孩子就会愿意听他的建议。如果家长平时对孩子没有情感存款，一旦发生冲突，关系可能会搞僵。

如果家长对孩子有很多“存款”，到青春期的时候，即使孩子有一些叛逆，也是问题不大的。但是，如果家长对孩子没有情感存款，平时都对孩子要求很高，经常控制他、命令他。到青春期的时候，孩子就开始反抗，有可能会给家长带来很多的麻烦。

不仅仅是跟孩子，跟爱人、周围的人，包括同事、领导、下属都是一样的，作为一个社会人，平时要多“存款”，这样才能与他人建立更好的关系。

2. 情感存款练习

我们要学会情感存款的能力，有人会说：“哎呀，‘存款’还要学吗?”是的，因为有许多人并不善于去表达，心里可能对他很好，可是却说不出口，心里很感激他，可是却不知如何让对方知道。

所以我们平时要多做情感存款的练习。

互动练习

跟孩子面对面，手拉手，看着孩子的眼睛，带着爱，对孩子做一些表达：

（1）孩子，爸爸（妈妈）非常欣赏你。

（2）孩子，爸爸（妈妈）非常感谢你。

（3）孩子，不管发生什么，不管你表现如何，爸爸（妈妈）永远爱你！

3. 纠正不当的亲子关系

为了孩子可以牺牲一切，甚至是自己的幸福，这是父母给孩子的最可怕的礼物。

孩子是父母的爱情结晶，爱孩子是天性使然，但溺爱会使温柔变成枷锁，疼爱化作圈套，是人类独创的一种另类之爱，是导致孩子不良个

性的重要原因。归纳起来，父母与孩子不正当的亲子关系主要有以下几种：

（1）奴才与皇帝的关系

法国教育家卢梭说："你知道用什么办法准能使你的孩子得到痛苦吗？这个方法就是百依百顺。"这种家庭结构中，父母一切为了孩子，对孩子有求必应，无原则地满足，孩子要什么就给什么，甚至不惜给自己造成沉重的负担，也要满足孩子过分的需求。

在这种情况下，因为孩子的欲望总会被父母无条件地满足，所以他们的欲望就会无止境地增加。长此以往，父母哪怕只有一次不能让孩子满足，他们就会因为突然碰了钉子而大发脾气。这种孩子必然养成不珍惜物品、讲究物质享受、浪费金钱、不体贴他人、毫无忍耐和吃苦精神的不良个性。

（2）奴隶主与奴隶的关系

有些父母，对孩子强迫服从，什么事都要求孩子按照自己的意见办，孩子一切都要听自己的，略有不从，就会大发雷霆，轻则骂个狗血喷头，重则大打出手。

心理学告诉我们，父母对孩子的态度并非越严越好，而是越民主越好。假如父母的态度是民主的，孩子就会养成独立、机灵、大胆、刚毅的个性；相反，父母态度过于严厉，孩子就会养成冷酷、怯懦、盲从、自卑的个性。

英国近代哲学家洛克曾说过："极严酷的惩罚好处很少，在教育上的害处还很大，并且我也相信，受罚最重的儿童，长大了很少有成为人才的。”他还说，“那些受压抑的孩子，他们的态度是怯懦的，精神是抑郁的，很不容易振作起来，很难做什么事业。”

（3）警察与小偷的关系

有一份调查显示，37.8%的中学生在家里有“被监视”的感觉；22.3%的中学生有“被审问”的经历；11.9%的中学生发现“父母趁自己不在时偷看过自己的东西”，做父母的成了“家庭警察”的角色。

在这种家庭结构中，父母既像警察，又像直升机，每时盘旋在孩子的上空，每刻都在监视孩子的行动，孩子一旦离开自己的视线，就会打电话询问。有的父母天天在各个网吧寻找孩子，千方百计监视孩子的一言一行。孩子没有自由，没有隐私，没有活动空间，在家里就像小偷一样，怕父母不高兴，做事鬼鬼祟祟。

父母对孩子的过度干预，一方面是出于对孩子的爱和责任心，另一方面是因为父母的自以为是，父母总希望将孩子塑造成自己认为应该成为的那种人，而孩子却希望成为自己愿意成为的人，矛盾因此产生。

解决这种亲子关系，关键就是要从孩子的角度出发，多为孩子着想。父母双方要与孩子进一步加强沟通，谈心，双方都要有所让步，只有目标一致才会双赢，如果不一致，双方相互对抗、消耗，结果就是两败俱伤，而家长干预越多失败越大。

（4）牧羊人与小绵羊的关系

父母对孩子十分宠爱，时刻不离开孩子一步，含在嘴里怕融化，吐出

来怕飞走。本来“初生牛犊不怕虎”，顽皮淘气是孩子的天性，他们原本不怕水，不怕黑，不怕摔跤，不怕疼痛。可是，有的父母却忽略了这些，孩子稍微有点闪失，就惊慌失措，大呼小叫。

家长的做法会使孩子变得胆小无能，丧失自信，在家横行霸道，在外胆小如鼠，成了缺乏活力、难以承受挫折的彻头彻尾的“小绵羊”。对孩子的过度保护，等于给孩子打下了懦弱的烙印。

以上的溺爱方式不是每个家庭全部都有的，但是一般家庭却可能会占一种或几种，这是值得警惕的。

为了孩子的健康成长，父母要给孩子以科学的爱。不问是非曲直，一味地迁就孩子，这种爱是溺爱，而溺爱比放任不管更可怕，是孩子人格不健全、道德恶劣的根源。因此，给孩子正确的、科学的爱，是每个父母都必须高度重视的。

本节阅读体会

第二节　情商训练和情绪管理能力

即使我们学了很多方法，但是我们的黑洞出来的时候，这些方法已经没有用了，所以我们要学会情绪管理的能力。

1. 情商组成

情商由美国心理学家约翰·梅耶和彼得·萨洛维于 1990 年首先提出的。情商就是情绪、意志、性格、行为习惯组成的商数，主要是指人在情绪、情感、意志、耐受挫折等方面的品质。总的来讲，人与人之间的情商并无明显的先天差别，更多与后天的培养息息相关。

我们先来简单了解一下情商。情商由下面五个部分组成：

（1）情绪

情商是由情绪构成，情绪包括稳定性和拐点性，就是说情绪是不是波动很大？当情绪波动很大的时候，是不是能够迅速地自我控制？这种管理能力怎么样？

（2）对人和事有没有好奇心

好奇心是一种能量，是活在当下的能量，小孩子的好奇心很强，所以小孩子能非常愉快地活在当下，对任何事情都很有好奇心，“哇，这个东西。”他就开始感兴趣，就开始享受活在当下。

成年人为什么没有活在当下的能力？因为成年人会在一件事情出现的时候，靠过去的经验判断，这样就没有了好奇，就没有当下了。

所以，成年人要想活在当下，一定要带着一颗好奇心。

（3）激励

这包括自我激励的能力和激励自的能力。自我激励可以让自己更优秀。激励别人是一种领袖的能力的体现。

（4）人际关系

朋友多不多这是一个层面，另外朋友好不好也是一个层面。有的人有很多朋友，但是好的朋友不多；有的人朋友比较少，但都是关系很好的朋友，这些就属于是人际关系。

（5）同理心

同理心也叫作换位思考，就是说，当别人悲惨的时候，你有没有同情心？当别人快乐的时候，你有没有同喜心？

2. 情商训练

情商是可以通过全面系统的课程培养来提高并且改变的。青春期是人生中一个比较特殊的时期，学生们在这个时候面临学习压力的同时，又面临着生理、心理方面的变化。这些都会使他们造成心理失衡和复杂的心理矛盾，严重的还可以产生种种不良的后果，如叛逆、厌学、考试焦虑、与同学关系紧张等问题。

因应试教育的压力，家长总是不惜花费大量时间、精力、金钱对孩子进行教育投资，结果却经常达不到预期效果，反而导致孩子厌学、学习独立性差、任性自私等。近几年，学生因学业压力、与父母沟通问题而选择离家出走、自杀的现象频频充斥人们的眼睛。

心理专家说，孩子学会做人比学会做学问更重要。然而很多家长都只注重对孩子智力的培养，而忽略了情商的训练，结果导致情商低的孩子越来越多。

那么，如何训练情商呢？

（1）学会尊重

让孩子学会尊重别人非常重要，那么如何让孩子学会尊重呢？首先父母要尊重孩子，孩子在被尊重中学会如何尊重。其次让孩子明白每个人的独特性，每个人都有缺点，都有优点。就像小草跟大树一样，它们都是独特的自己。

（2）培养忍耐力和自制力

心理学家曾经做过一个实验，幼儿园老师给每个孩子一颗糖，并告诉他们："现在吃，就只能给一颗，如果能忍一个小时后再吃，可以再奖励一颗。"跟踪结果显示，能够忍耐的孩子，成功率远远高于不能忍耐的孩子。这在心理学中叫作延时效应。

许多孩子做事虎头蛇尾，缺乏意志和耐心，长大以后事业很难成功。那如何培养孩子的忍耐力和自制力呢？首先要多鼓励孩子对一件事情的坚持，如果孩子遇到了一些困难，要帮助孩子一起坚持。其次如果孩子对一件事情坚持而后成功了，家长要扩大坚持后的成果，让孩子享受坚持后收获的喜悦，并且可以适当地给予奖励。最后要对孩子做延时效应的奖励，提升孩子的自制力。

（3）让孩子多接触社会

有的家长很少让孩子去接触社会，因为家长有很多的恐惧和担心。这样的孩子看到生人就哭，长大以后易敏感、退缩。有的孩子自私自利，缺乏团队精神，因而也很少有朋友，长大以后也会因为人际关系紧张而影响发挥。所以，孩子懂事时就要让他适应新的环境，要鼓励孩子多接触人。同时，父母要起榜样作用。

（4）培养孩子的好奇心和探索精神

孩子从小就有探索世界的欲望，他们对这个世界充满了好奇，如果家长因为自己的安全感不让孩子自己去探索的话，不仅会使孩子失去学习的机会，也会扼杀孩子的积极性。正确的做法就是家长创造安全的环境，让孩子主动去探索这个世界，甚至可以让孩子去犯一些错误，让孩子在错误中学习。

（5）培养自信心和面对挫折的能力

一个在体操方面很有前途的小孩来见教练，教练没有立即让她表演体操，而给了她 4 只飞镖，要她投射到对面的靶子上。那个小女孩胆怯地说："要是投不中呢？"教练告诉她："你应该想到怎样成功，而不是失败。"小女孩反复练习，终于获得了成功。因此在生活中，家长要告诉孩子，做任何事情一定要相信自己，只有相信自己的人才能获得成功。

3. 管理孩子的情绪

家长在管理孩子情绪之前，首先要对自己的情绪有所了解：

（1）情绪是个体对外界刺激的主观的有意识的体验和感受，具有心理和生理反应的特征。

（2）情绪无好坏之分。

（3）情绪本身不是问题，如何管理情绪才是真正的问题。

（4）我们无法控制情绪但可以管理情绪。

（5）情绪产生的根源不是引发我们情绪的人和事，而是我们内心的看法，是我们的观念产生的情绪。

（6）情绪是一种生命能量，允许孩子可以有情绪。

（7）四种基本情绪是：喜悦、愤怒、悲伤、恐惧。其他情绪都是从这四种情绪中衍生出来的。

下面来测试一下你是什么类型的家长？

如果孩子有一天骑自行车摔倒了，哭了，你会如何处理呢？

A. 乖，不哭了，妈妈带你去吃好吃的！

B. 好了，别哭了，男孩子勇敢点！

C. 就让孩子哭，等哭完了再说。

D. 你看又哭了。爸爸妈妈小时候摔一下也不会像你这样的。你这么会哭，以后怎么办啦？人要勇敢一点才能做大事！

你的选择是：________

如果选 A：

缩小型家长：这类父母看重的不是如何理解孩子的情绪，而是如何尽快让孩子停止哭闹。漠视孩子的情绪，还动不动就取笑孩子的情绪。例如：大家都走了，就剩她一个人了，她就哭起来了。这个时候，爸爸走过去，说她是个爱哭鬼，以后找不到老公了。然后挠孩子的痒痒，试图用这种满不在乎和挑逗的方法来转移孩子的注意力。长此以往，这类孩子感知情绪和调节情绪的能力就会变弱，长大之后有可能在面对负面情绪时选择暴饮暴食、疯狂购物等行为。

如果选 B：

压抑性家长：极力把孩子的负面情绪看作是不好的情绪，这类家长看重的不是孩子的情绪本身，而是将目光集中在孩子的行为上。这类家长不是想着先弄清孩子会哭的原因，而是用“你再哭，再哭我就让大灰狼把你带走！”这样的话来恐吓孩子，有时候甚至会大打出手。长此以往，这样的女孩子可能会出现抑郁倾向，男孩子可能会出现具有攻击性的行为倾向，生气时本能地用拳头解决问题。

如果选 C：

放任型家长：这类家长会认可和接纳孩子的情绪，但对于孩子的行为不能给予较好的建议，不会为孩子的行为规定明确的界限。这类孩子长大后解决问题的能力相对较差。

如果选 D：

说教型家长：这类家长经常会给孩子讲道理，其实家长都有个误解，认为自己苦口婆心地讲道理，孩子是听得懂的。其实当孩子在情绪里的时候，所有的道理都是苍白无力的。

知道自己属于什么类型的家长，接下来就要学会情绪有好坏之分的方法：

第一步，学习暂停，让自己和孩子都学会当情绪来的时候，做 6 ~ 10 个深呼吸。

第二步，站在孩子的角度，读懂孩子，并接纳孩子的情绪。

①孩子往往用自己的行为来表达情绪。他的苦恼、发脾气或大声喊叫等各种形式的情绪表达，其实都是为了让他人读懂自己内心的挣扎和努力。孩子时时刻刻都在用自己的情绪来面对世界，但他只能感受情绪，并不懂得情绪为何物，也不懂得用恰当的语言来表达。所以家长要去读懂孩子行为背后的情绪和想法。当孩子的情绪被读懂时，能够很快控制自己的情绪，找回平静。孩子会明白，原来这个情绪不仅自己身上会有，别人身上也会有。

例如：孩子比赛因为怕输，躺在地上不肯起来，爸爸就使劲叫他参加。爸爸不明白孩子是因为怕输才不愿意参加。父母应该读懂孩子并接纳孩子的情绪："爸爸知道你现在很害怕会输了比赛，妈妈很能理解你的心情。"同时用握手或拥抱等方式去鼓励孩子。

②无条件接纳孩子的情绪，不管是正面的情绪，还是负面的情绪。

③家长要和孩子站在平等的位置上，而不是居高临下。例如：有个妈妈因为孩子打了其他小朋友而不肯道歉，妈妈很生气也打了他，妈妈就问他："你说你刚才这样的行为，对吗?"这时，孩子就很委屈地说："刚才你打我也是不对的。"

④建立同理心，对孩子有什么样的情绪要有敏感度。可以跟孩子去确认，在确认的过程中让孩子学会对各种情绪有基本的认识。比如：孩子养了一只小白兔死了，痛哭。你就问孩子："小白兔死了，你是不是很悲伤?"这个时候孩子就学会了这种感受是"悲伤"。

第三步，对孩子的行为划定明确的界限。当孩子的情绪被接纳和释放后，就告诉孩子以后出现这种情绪的时候，可以通过深呼吸、跳绳、跑步、冷静等方式来释放情绪，但是有个底线就是第一不能伤害自己，第二不能伤害别人。

案例分享

小宝在家里蹦蹦跳跳，结果摔倒弄破了嘴唇，大哭起来。妈妈看到了很心疼，责备小宝因为跑来跑去才弄伤了自己，小宝哭得更厉害了。这种情况下，妈妈不应该责备孩子，而是应该平心地同小宝谈谈：

妈妈：小宝，妈妈和你谈谈。

小宝：(走过来了……)

妈妈：刚才摔破了嘴唇，是不是很痛啊?

小宝：是，很疼很疼。

妈妈：嗯，妈妈要是摔破了嘴唇，肯定也会大声哭的。妈妈很能理解你的。现在呢?还疼吗?

小宝：现在好点了。

妈妈：小宝，刚才摔倒时感觉怎么样啊?

小宝：很疼，还流血了，有点害怕。

妈妈：出血了，所以害怕了。妈妈没看你的嘴唇，还责备你了，你是不是觉得更伤心了?

小宝：嗯。

妈妈：妈妈看到小宝摔倒了，还弄伤了自己，其实很担心。但没有好好说，是妈妈不好。

小宝：没关系。

妈妈：但妈妈还是担心你下次又会不小心摔倒弄伤自己。有什么办法可以让你玩得开心又不会受伤呢?

小宝：我会小心的，不乱跑了。

妈妈：好的！这个方法太好了！妈妈很高兴！（亲亲孩子）那你还要去玩吗?

小宝：要。

妈妈：去吧！

本节阅读体会

____

____

____

____

____

____

____

____

____

____

____

____

____

____

第三节　如何培养孩子正面焦点的能力

我们看电视的时候，经常会换频道，因为要选择自己喜欢的节目。我们的大脑就像电视机一样，它也是有频道的，我们把大脑的这种频道叫作

“焦点”。

人的大脑是很主观的，当我们聚焦在一个人优点的时候，他的优点被扩大，我们会看到他更多地优点，此时我们已经看不见他的缺点了，其实他的缺点一直存在；反之，当我们聚焦在一个人缺点的时候，他的缺点被扩大，我们会看到他更多的缺点，在这个当下，我们已经看不见他的优点了，其实他的优点一直存在。所以当我们喜欢一个人的时候，会越来越喜欢；当我们讨厌一个人的时候，会越来越讨厌。

任何的人和事都是两面性的，当我们的焦点在正面的时候，正面会被不断扩大，当我们的焦点在负面的时候，负面会不断扩大。关键是，我们的焦点在正面还是在负面。

案例分享

有一个朋友请吃饭，点了十个菜，八个菜味道很好，有两个菜烧得很差，太咸或太辣。有两种人，第一种人焦点在正面，拼命喜欢吃这好吃的八个菜，吃得很开心，过了一个愉快的中午。还有一种人，老是纠结在难吃的两个菜里面，一会儿把服务员叫上来，一会儿把厨师叫上来，一直在埋怨，一直在投诉。整个中午一直很生气，连请客的那位朋友心情也不好，感觉很难为情。

同样的一桌菜，吃出了完全不一样的心情，关键在于你的焦点是在正面还是在负面。其实，这就是我们人生的缩影，我们的生命中可能有80%的事情是比较如意的，有20%的事情是不太如意的，你的生命是幸福的，还是痛苦的，取决于你的焦点在80%如意的事情，还是20%不如意的事情。

那么家长如何运用“焦点”的原理去培养孩子正面焦点的能力呢？

1. 慎用否定词

人的思想分成意识和潜意识，我们的人生90%多都是由潜意识做决定的。潜意识有一个很奇怪的现象就是不认识“不”字的，当我们说不要“害怕”的时候，其实我们的焦点是在“害怕”里面。所以，我们越不要的东西越容易来到身边，越担心的事情越容易变成事实。

案例分享

如果家长在上班前，对孩子说：“妈妈今天去上班了，你千万不要偷吃冰箱里的棒冰！”那么孩子偷吃棒冰的概率有多少呢？如果家长不说，孩子偷吃棒冰的概率可能是10%，这么一说，孩子偷吃棒冰的概率或许会上升到90%。

可是在传统教育里，都没有老师来教过这个部分，所以许多家长经常犯错误。我们来看看下面这些话，是不是很熟悉？

“不要失败”“不要离婚”“不要迟到”“不要粗心”“不要紧张”“不要害怕”“不准偷看”“不准早恋”等。这些其实都是负面的暗示，越不想发生的事，越可能发生。一个经常说自己“不要失败”的人，迟早会失败；一个经常说“不要离婚”的人迟早会离婚，因为每说一次力量就强化一次。

一个考试时想着“不要紧张”的学生，一旦遇到不会做的题目，就会更加紧张。

小时候父母经常教育我们考试的时候不要粗心，可是这么多年过去了，我们粗心的习惯有没有改变?

所以从此刻开始，我们要改变自己的语言模式，要把否定词改成正面的词语。我们不要什么，那我们又要什么呢?

“我不要失败”，改成“我要成功”。

“我不要离婚”，改成“我要幸福的婚姻”。

“上学不要迟到”，改成“上学要准时”。

“做作业的时候不要粗心”，改成“做作业的时候要仔细点”。

“考试的时候不要紧张”，改成“考试的时候要放松点”。

……

案例分享

有一个家长，一直在抱怨现在的生活，她说：“我不要现在的工作，我不要现在的生活，我不要现在的状态。”她的焦点都在不要的地方。当一个人的焦点都在不要的地方的时候，她是混乱的。

专家问她：“你不要这些，你有没有想过你想要什么样的工作，你想要什么样的生活?”

她低下头，开始去思考自己到底要什么。

当一个人知道自己要什么的时候，问题就已经解决了一大半。

2. 指责别人时慎用“为什么”

我们来看看下面的文字，是不是很熟悉?

“你为什么这么不听话?”

“你为什么迟到?”

“你为什么这么粗心?

“你为什么考试考得这么差?”

“你为什么不爱我了?”

“你为什么这么迟回家?”

当别人用“为什么”来指责我们的时候，我们的第一反应就是防卫。此时大脑就聚焦在所有的理由上，然后用所有的理由来证明自己这样做是对的。

如果孩子考试没有考好，家长问他：“为什么这次考试考得这么差?”

他一定会找很多理由，他会说因为老师教得不好，因为昨晚没睡好，因为最近状态差，甚至会说因为自己很笨。对家长来说，有没有效果？一点效果都没有。

那正确的做法是什么呢？当我们要批评别人的时候，我们不说“为什么”，因为“为什么”一问，马上出现了负面理由跟借口。我们说“什么”，“为什么”是扩大的词，“什么”是中性词。接着再问“如何”，因为“如何”的焦点是在方法上。

案例分享

当一个员工上班迟到的时候，作为管理者经常会问：“你为什么迟到?”这在管理上叫作“问题导向”，因为是在“制造问题”。那我们来看看“为什么”是如何制造问题的。

“为什么”模式

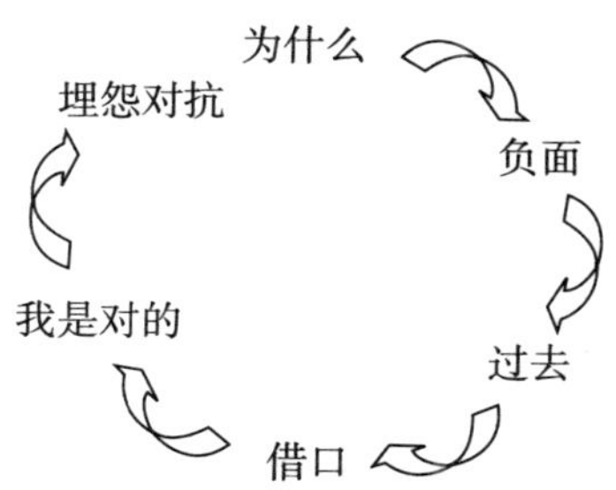

当管理者问：“你为什么迟到?”的时候，这位员工首先看到的是过去。过去有很多的原因和理由：因比如堵车、发生了交通事故、下雨、轮胎破了，等等。而这些原因和理由对这位员工来说都是客观存在，是他主观无法改变的，既然是没有办法的，对方还要指责，就产生了负面情绪，然后心里就产生对抗。这种问话模式，是在制造问题，所以我们把它叫作“问题导向”。

而另一种模式，就是先问发生了什么？接下来问“如何”，如何下次能准时呢？这在管理上叫“效果导向”。

“什么”模式

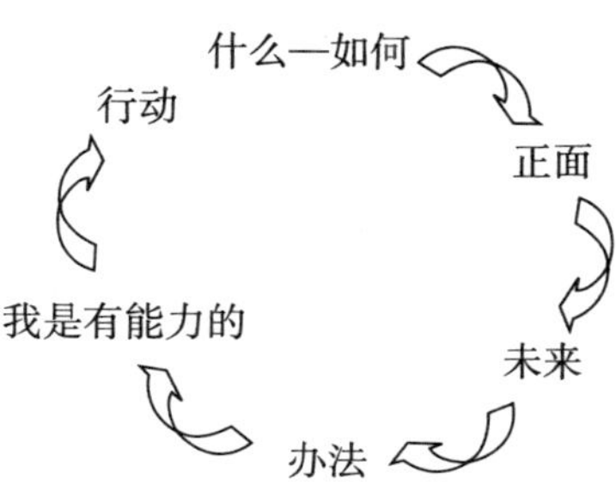

当问“如何”的时候，看到的是未来。明天如何能准时？明天有很

多的方法。比如说，可以早半小时起床；可以骑自行车；可以乘公交车。他看到的是方法。而这些方法，他是能掌控的，他是有力量的。这个时候，他产生的是正面情绪，然后他就行动。这种模式在管理上叫“效果导向”。

“为什么”既然是一个很危险的词，那“为什么”到底能不能用呢？

“为什么”当然能用，当我们在表扬别人的时候，可以用“为什么”来扩大效果。

案例分享

有一位有智慧的父亲问他的孩子：“儿子，你数学为什么能考100分呢？”

“因为我是数学天才嘛。”孩子的能量马上就出来了。家长一定要帮助孩子找到这种自信的力量。

有一位有智慧的太太，她问她的先生：“老公，你当初为什么会选择我？”她先生的脑海聚焦的是他太太的所有优点：善良、温柔、知性、通情达理等，然后这位先生就会更加用行动来证明他的选择是对的。

有一位有智慧的老师，在开家长会的时候问家长：“你们的孩子为什么会选择我们学校呢？”家长们的脑海里聚焦的是这家学校的所有优点。然后用所有的行为来证明自己的选择是对的。

3. 比较级的语言技巧

家长经常会去表扬自己的孩子，可是表扬的方法是否有效呢？

比如家长表扬孩子说："儿子，你最近表现很好。"

表面上看上去这是一句不错的表扬，但是从更深的层次来看，孩子可能会在潜意识里收到的信息是："我最近表现好，那我以前表现不好吗？"

所以家长表扬孩子的时候，要用比较级的语言技巧。就是在要表扬的词前面加上"更加""越来越"等比较级的词语。

比如说，表扬孩子的时候，说："儿子，你最近表现更好了。"那意思就是说：以前也很好，最近更好。

而最错误的方式就是当批评孩子的时候，用了比较级。

比如我们经常听到有些父母批评孩子说："你越来越笨了！"这是一句非常有杀伤力的话，越来越笨的意思是说，过去很笨，现在更笨，将来越来越笨。在这样语言环境下的孩子真的会越来越笨，因为孩子的潜意识里对父母有一份很大的爱，如果父母说自己越来越笨，自己如果不笨的话，就对不起父母。

案例分享

在我儿子读幼儿园的时候，我给了他一些语言的暗示。我说："浩浩，你是佛祖最喜欢的孩子，所以每天晚上，佛祖都会到你的梦里来，都会给你一点点智慧，第二天起来的时候，你会更加聪明。佛祖每天晚上都会来，这样你就会越来越聪明。

晚上是孩子大脑发育的时候，所以每天晚上我的孩子都会比较早睡觉，小学低段的时候，在八点半以前，小学高段的时候在九点以前，现在读初中，一般在九点半之前。每天晚上良好的睡眠，同时加上语言的暗示，所以孩子智力发展得比较健康。

或许有人会问："你是如何做到让孩子这么早睡觉的?"我说："只有一个秘诀，那就是身教重于言教。我在平时，也是在这个时间陪孩子一起睡觉。"

4. 如何正面批评孩子

家长批评孩子的时候，经常会伤到孩子，这种批评叫作"负面批评"。

那怎么样的批评是"正面批评"呢？正面批评就是孩子被批评后能量是提升的，同时他愿意因为你的批评去改变。具体怎么操作呢？

首先，家长要明白的理念就是：人永远比事情更重要。家长要无条件接纳孩子这个人，当人被接纳和尊重后，行为才有可能会改变。人的部分包括情绪和身份。

接下来，家长就可以用以下四个步骤来做正面的批评。

第一步，接纳情绪。当一个人有情绪的时候，所有的道理和说教都是苍白无力的。比如：一个孩子考试没考好，心情也很不好。那此时家长应该怎样接纳孩子的情绪呢？

"孩子，爸爸知道你这次考试没有考好，心情很郁闷，爸爸非常理解你的心情。"

当孩子情绪被接纳的时候，他就开始放松。他才开始愿意开放他的内心。

第二步，接纳孩子的身份。

"在爸爸的心中，你是一个聪明的孩子"。

身份就是"你是一个怎么样的人。"是指一个人的品质。

第三步，寻找原因。

“可是这次考试没有考好，是什么原因？”

注意不能问为什么，因为一问为什么，孩子就马上会找理由。

第四步，寻找方法。

当孩子说出一些原因后，不要在原因的地方不断强化，重要的是如何让孩子自己去找到方法，这样才可能在下次考试的时候考得更好。

“既然是这样了，没有关系，重要的是如何在下次考得更好一点？”

孩子可能会说：“我下次仔细点。”

你继续问：“还有呢？”

孩子说：“我下次速度再快一点。”

你继续问：“除了这两点，还有呢？”

孩子说：“我上课听得更认真一点”

你继续问：“除了这些，还有呢？”

孩子说：“我平时更努力一点。”

你拍拍孩子的肩膀说：“老爸（老妈）相信你，我们一起努力！”

如果你是这个孩子，当你的父母用这样“正面批评”的方式来跟你沟通的时候，你感觉怎么样呢？

案例分享

我以前在保险公司做总经理，有一个月，我所管理的一个部门业务做得比较差，我把部门经理叫到办公室，用“正面批评”法进行沟通。

我看到她心情很郁闷，便说：“王经理，这个月你们部门业务做得不是很理想，我知道你也非常郁闷，我非常理解你的心情。”

她的情绪被我接纳后，一下子就放松了。她说：“谢谢领导理解。”

我说：“在我心中，你是我们公司的部门骨干。”我给了她一个身份认同。

我接着说：“可是这个月业务不是很理想，到底发生了什么？”

她说：“我自己家里发生了一点事，所以工作上的精力就少了一点。而我们部门的业务高手，这个月也因为身体不好，业务没有做好。”

我说：“没有关系，这个月都已经过去了，重要的是下个月。下个月你将如何把部门的业务抓上去呢？”

她思考了一会说：“我先调整自己的状态。”

我接着说：“还有呢？”

她说：“我找部门的每一个人谈一次心，并且给他们设定一下目标。”

我说：“很好呀，还有呢？”

她又想了一会说：“我们部门召开一次客户答谢会。”

我说：“很好呀，如果你需要公司哪方面的支持，你尽管跟我说，我一定会全力支持你的！”

她满怀信心地走了。我知道这个月她一定会全力以赴的。

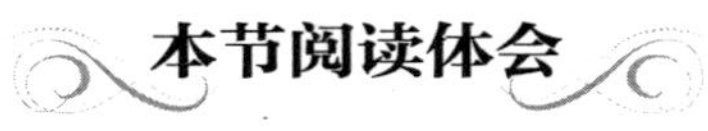

本节阅读体会

第四节　生命教育与引领的能力

家长送给孩子最好的礼物是什么?

或许父母们会给出很多不同的答案。其实，家长送给孩子的最好礼物不是好的物质条件，而是自己不断学习，不断成长，成为能引领孩子生命，能给孩子选择权的高素质的父母。

人类是哺乳动物中成长期最长的，也是最需要爱与关心的。所以孩子在生命的成长过程中，父母的引领是非常重要的。那么家长应该怎样去引

领孩子的生命呢？

1. 敏感期

根据蒙台梭利对婴幼儿敏感期的观察与研究，可以归纳出下列几种。

（1）语言敏感期（0 ~6 岁）

婴儿开始注视大人说话的嘴形，并发出牙牙学语声时，就进入了他的语言敏感期。学习语言对成人来说是件困难的事情，但幼儿能容易地学会母语，正是因为幼儿具有自然所赋予的语言敏感力。因此，若孩子在 2 岁左右还迟迟不开口说话时，家长应带孩子至医院检查是否有先天障碍。语言能力影响孩子的表达能力，因此，父母应经常和孩子说话、讲故事，或多用“反问”的方式，加强孩子的表达能力，为日后的人际关系奠定良好基础。

（2）秩序敏感期（2 ~4 岁）

孩子需要一个有秩序的环境来帮助他认识事物、熟悉环境。一旦他所熟悉的环境消失，就会令他无所适从。蒙台梭利在观察中发现，孩子会因无法适应环境而害怕、哭泣，甚至大发脾气。因而确定“对秩序的要求”是幼儿极为明显的一种敏感力。幼儿的秩序敏感力常表现在对顺序性、生活习惯、所有物的要求上，蒙台梭利认为如果成人未能提供一个有序的环境，孩子便没有一个基础以建立起对各种关系的知觉。当孩子从环境里逐步建立起内在秩序时，智能也因而逐步建构。

（3）感官敏感期（0～6岁）

孩子从出生起，就会借着听觉、视觉、味觉、触觉等感官来熟悉环境、了解事物。3岁前，孩子透过潜意识的吸收性心智观察周遭事物；3～6岁则能透过感官分析，判断环境里的事物。因此蒙台梭利设计了许多感官教具，比如：听觉筒、触觉板等，以敏锐孩子的感官，引导孩子提高智力。家长也可以在家中准备多样的感官教材，或在生活中随机引导孩子运用五官，感受周遭事物。尤其当孩子充满探索欲望时，只要是不具危险性或不侵犯他人他物的，应尽可能满足孩子的需求。

（4）对细微事物感兴趣的敏感期（1.5～4岁）

忙碌的大人常会忽略周遭环境中的微小事物，但是孩子却常能捕捉到个中的奥秘。因此，如果孩子对泥土里的小昆虫或家长衣服上的细小图案产生兴趣时，正是培养孩子具有巨细靡遗、综理密微习惯的好时机。

（5）动作敏感期（0～6岁）

2岁的孩子已经会走路，是最活泼好动的时期，父母应充分让孩子运动，使其肢体动作正确、熟练，并帮助左、右脑均衡发展。除了大肌肉的训练外，蒙台梭利则更强调小肌肉的练习，亦即手眼协调的细微动作训练，这样不仅能帮助孩子养成良好的动作习惯，也能促进其智力的发育。

（6）社会规范敏感期（2.5～6岁）

两岁半的孩子逐渐脱离以自我为中心，而对结交朋友、群体活动有明显倾向。这时父母应为孩子建立明确的生活规范、日常礼节，使其日后能遵守社会规范，拥有自律的生活。

（7）书写敏感期（3.5～4.5岁）

蒙台梭利博士发现孩子的书写先于阅读，孩子的书写可以开始于对字母和数字的临摹。

宝宝三岁半时，除了对色彩表现出浓厚的兴趣外，对书写也表现出很大的兴趣。宝宝经常在纸上用妈妈和爷爷给买的蜡笔或水彩笔涂鸦、画画。自从爸爸手把手教了宝宝写阿拉伯数字后，宝宝就天天坐在床上或椅子上在纸上涂画着，一笔一笔很认真，以前总觉得外面的世界很精彩的宝宝现在可以坐到椅子上一坐个把个钟头，家里的纸张也是扔得满地都是。

后来妈妈上超市买来了小白板才彻底改了变家中一片狼藉的现象。小白板是宝宝的最爱，早上醒来就要它，从幼儿园回来也要它，拿上彩笔，坐上椅子，开始了认真的涂写。1、2、3、4、5、6、7、8、9、0这十个数字已经难不倒宝宝了，随便报上几个数字，他都能写下来，还边写边读。11、12、13一直到119，宝宝也能读出来，而且是一教便会，一点即通。妈妈觉得三岁多的孩子能够认识到这些数字并能书写出来真的是很棒。

连爷爷也乐得直夸宝宝比同龄的小朋友来得棒，在他的三个孙子中，大的太内向；小的就知道玩，还没有学习兴趣；就宝宝对学习表现出了浓厚的兴趣，拼音基本上也都学会读了，见过一次的事物也能记得牢，一教便会，有时还表现出小老师的样子，要来考考你。这个时候宝宝真是可爱极了。妈妈希望宝宝的学习态度能一直延续下去，用知识充实自己，长大了做一个对社会、对国家有用的人才。

（8）阅读敏感期（4.5～5.5岁）

孩子的书写与阅读能力虽然发育较迟，但如果孩子在语言、感官、肢体动作等敏感期内，得到了充足的学习，其书写、阅读能力便会自然产生。此时，父母可多选择读物给孩子阅读，布置一个书香的居家环境，这样便能使孩子养成爱读书的好习惯，成为一位学识渊博的人。

（9）文化敏感期（6～9岁）

蒙台梭利指出，幼儿对文化学习的兴趣，萌芽于3岁，但到了6～9岁则出现想探究事物的强烈需求。因此，这时期孩子的心智就像一块肥沃的田地，准备接受大量的文化播种。家长可在此时为孩子提供丰富的文化信息，以本土文化为基础，延展至关怀世界的大胸怀。

2. 危险期

孩子在成长的过程中会遇到很多的危险，这些危险主要来自两个方面：一个是身体上的危险，另一个是精神上的危险。

身体上的危险主要来自意外与生病。作为父母，一方面要加强对孩子的安全教育；另一方面要培养孩子健康饮食的理念。当孩子生病的时候，也是孩子最脆弱的时候，父母要在此时给予孩子更多的关注、更多的爱。

精神上的危险也就是当孩子遇到困难、挫折的时候所面临的困惑。每个孩子在成长的过程中都会遇到无数次的困难和挫折，比如被老师批评了、被同学冤枉了、考试考砸了、失恋了等。生命中的每一次困难和挫折都是危险期，因为一旦孩子在危险期没有处理好，一时想不开，做出过激的行为，父母可能会后悔一辈子。所以作为父母，要培养孩子面对困难和挫折时解决问题的能力。

首先，家长要教会孩子求助的能力，心理学上叫作拥有“社会支持系统”，就是当孩子遇到困难挫折的时候，能够向人倾诉，能够向人求助。当然，如果有良好的亲子关系，父母将会是第一求助人。

可是现在很多的家长因为没有好的教育方式，经常用语言暴力，甚至用肢体暴力的方式对待孩子，亲子关系比较糟糕。一旦孩子遇到危险的时候，孩子不敢向父母求助，因为怕父母会用暴力的方式对待自己，如果孩子也没用其他可以求助的对象，这样就比较危险。

当然除了父母，社会支持系统还有孩子的老师、同学、朋友、亲戚、心理热线等。

案例分享

我儿子有一次把乒乓球拍弄丢了，这块乒乓球拍比较贵，要500多元，所以他很难过，也很担心。因为我们父子关系比较好，最后他还是告诉了我。

我告诉他说：“浩浩，爸爸很欣慰你能坦诚地把这件事情告诉我。不过没有关系，可能有些事情对你来说是很严重的，但是对爸爸来说可能是一件很小的事情，所以下次遇到你自己不能解决的困难的时候，尽管来找爸爸，爸爸一定会支持你的。当然，每件事情中都有你要吸取教训的地方，就像今天这件事情，你要学会如何保管和珍惜好自己的物品。”

其次，要让孩子学会情绪处理的能力。平时要训练孩子对情绪的处理，第一，当孩子有情绪的时候，要学会深呼吸；第二，教会孩子辨认情绪；第三，要孩子学会去寻找情绪背后的想法和需求；第四，要孩子学会正面转化。

正面转化

有一位智者，非常有智慧。有一次，他的对手来骂他，骂得非常难听。可是这位智者一点都没有生气，他微笑地看着他的对手，说：“我问你一个很奇怪的问题，如果你今天要送一份礼物给我，我没有接受这份礼物，那这份礼物是谁的？”他的对手说：“当然是我的。”智者说：“那你骂我，我不接受这份礼物，那你骂的是谁？”他的对手愣了一下，一句话都说不出来了。

最后要让孩子学会换位思考，学会接纳别人。任何人都有优点，也有缺点，任何人都会犯错误，教会孩子接纳别人的缺点，能经常站在别人的角度思考，这样就能理解别人。

3. 转折期

在漫长的生命旅程中，有很多的十字路口，每一次的十字路口，都是我们做出选择的时候，每一次不同的选择，就决定了未来不同的人生。孩子也是一样。孩子在生命中也会有无数次的选择，比如，孩子读什么样的学校、学什么样的专业、找什么样的朋友、找什么样的工作，孩子每一次做出重要选择的时候，就是孩子的转折期。

转折期非常重要，因为每一次的转折，可能会影响孩子未来不一样的人生。作为父母，要有能力在孩子每一次做出主要选择的时候，能够引领孩子的生命。

引领孩子的生命，并不是控制孩子的生命。很多时候，父母都在替孩子做决定，那不是引领生命，那是掌控孩子的生命。当孩子的生命被掌控的时候，孩子的人生就会缺少力量，缺少责任，缺少幸福！

引领生命就是父母用自己丰富的人生经验给孩子分享自己的生命体悟，分享自己对生命的看法，提供自己的想法和可能性，最终孩子的生命由孩子自己做决定。当孩子自己做决定后，他的生命是有力量的，他会为他自己的生命去负责。

4. 青春期

青春期是人生非常重要的阶段。青春期的孩子随着身体的发育，大量激素的产生，情绪处于非常不稳定的状态，男孩经常会生气和烦恼，女孩会经常伴随着怒气和抑郁。

青春期的孩子有很多困惑，首先他们开始去探索“我是谁”这个深奥的问题。他们会去重新认识自己，当然重新认识自己是一个艰难的过程，包括对自己的外表、能力的评估和认识。

青春期的孩子也会从父母的眼中去认识自己。青春期的孩子特别敏感，他们特别在意父母对他们的评价，对父母的话咬文嚼字。当孩子纠正你的用词的时候，你不用恼火，这其实是孩子在意你，在意你怎么看他。

青春期的孩子也会在同伴的比较中认识自己。比如，为什么别人长得比自己高？自己以后还会不会长高？别人会不会像自己这么忧伤？包括身体变化的秘密、家里的秘密、心里的秘密，他们都需要跟同学交流，看看自己是否正常。这就是为什么孩子在学校已经跟同学在一起一天了，回家还要煲电话粥的原因。

其次，青春期的孩子还会去探索生命的意义。人活着到底是为了什么？人生的意义在哪里？未来自己到底想过怎样的人生？

青春期的孩子有很多的困惑和冲动，作为父母，如何去跟他们沟通，如何去处理他们的情绪，如何回答他们古怪的问题，如何跟他们做朋友，这是做父母的需要不断去学习和成长的。

作为父母，自己一定要不断成长，特别是在孩子不断长大的过程当中。孩子到青春期慢慢成年，这个过程当中，他们对世界的探索，对生命的理解，对爱情的理解，对工作的理解，等等，各个方面他们会有很多的需求。家长要能帮助孩子，满足他们的需求，引领他们成长。

给青春期儿子的信

亲爱的浩浩：

你好！这是爸爸第一次给你写信，当我一提起笔，内心已充满了感动！

浩浩，明天是你13周岁的生日了，我清晰地记得13年前的那个冬天，爸爸刚刚到宁波市区上班，工作非常忙碌。2001年12月23日，我正在公司开会，当我接到你妈妈的电话，匆忙赶到医院的时候，你妈妈，一个坚强而勇敢的女人，已经自己打车到医院并签字进了产房。我一个人紧张地在产房门口等着，经过半个多小时的等待，当助产士把你送到我手里的时候，我心都要融化了，我用那件黑色的风衣裹住你，激动地把你抱在我的怀里！那时的你睁着一双小眼睛看着我，仿佛在看着我们今世的缘分！

浩浩，谢谢你走进我的生命，给我的生命带来了更多的希望，更多的感动，更多的责任！

每当我看着你纯真的眼睛的时候，我的内心总是充满感动！我在心里给自己一个承诺，我一定要引领这个生命，让他更快乐、更健康地成长！特别是从你上小学开始到现在这7年，是爸爸和你相处最多的7年，你的每一次撒娇，每一次大笑，每一次哭泣，所有的点点滴滴都在爸爸的心里，成为爸爸最美好的回忆！

浩浩，明天就是你13周岁的生日了，爸爸有几点希望，跟你分享：

第一，关于梦想。13岁，是世界观、人生观形成的重要阶段，你要开始去问自己，你的梦想是什么？或者长大后你希望做什么样的工作？或许你还不是很清晰，但是你需要经常去思考这个问题。

第二，关于学习。从小学高年段开始，你的成绩一直名列前茅，而且也如愿以偿地考进了你理想的中学，从某种意义上来讲，你已经站在了一个很高的平台，而这个平台是爸爸妈妈以前都没有到达过的平台。同时这半个多学期以来，爸爸也看到了你很多的努力，很大的进步！在学习上爸爸想给你几点建议：

①要相信自己。你是一个聪明的孩子，更重要的是你最大的优点就是专注力！这种专注力让你拥有着最优质的学习品质。

②要更加努力。在你现在就读的这所中学，大家都是聪明的孩子，所以比的是谁更加努力。爸爸很欣赏你做作业的速度，爸爸还希望你能提高自主学习的能力，每天做完作业能够自己有计划地安排一部分自主作业。

③加强课外阅读。现在是你人生观形成的关键时期，所以好的书籍会陶冶你的情操，会让你的内在变得更加丰富，生命变得更加有内涵！

第三，学会如何面对挫折。在我们人生的旅程中，每个人都会遇到困惑、困难和挫折，你也一样，当你遇到困难和挫折的时候，首先你一定要跟爸爸分享，爸爸妈妈永远会无条件地支持你。其次你要去面对困难，而不要去逃避，当你真正去面对的时候，没有什么困难是解决不了的。最后，你要在每一次困难中去学习成长，每一个困难、挫折的背后都是一份礼物，而这份礼物就是我们的学习和成长！

第四，关于真、善、美。爸爸最欣赏你的纯真，你的真诚！你也是一个很善良的孩子，你富有同情心、同理心，爸爸希望你有情绪的时候能做三个深呼吸，这样就能调整好自己的情绪。爸爸希望你要加倍地对妈妈好！在你很小的时候，爸爸工作很忙，所以妈妈付出了更多的努力，更多的艰辛在你身上，你要理解妈妈，给妈妈更多的爱和关心。爸爸希望你能不断地培养欣赏美的能力，在音乐中培养欣赏美的能力，在阅读中培养欣赏美的能力，在生活和学习中培养欣赏美的能力！

浩浩，爸爸谢谢你！谢谢你走进了我的生命并丰富了我的生命！在你13岁生日来临之际，爸爸祝你生日快乐！青春快乐！爸爸妈妈永远是你的港湾！爸爸爱你！

爸爸：童诗博

2014年12月22日

本节阅读体会

第五节　提升沟通能力

在教育孩子的过程中，与孩子沟通的过程中，通常都遇到哪些问题？比如：孩子不听话有逆反心理、孩子好动注意力不集中、孩子喜欢看电视不喜欢学习……

在遇到这些问题时，应该怎么解决？

这就需要亲子沟通的技巧，亲子沟通就是指父母与孩子的沟通。有的父母与孩子说话，孩子很爱听，很配合。也有的父母与孩子说话，孩子就不喜欢听，父母说的多了，孩子就烦，和父母吹胡子瞪眼、吵闹、对抗。也有的孩子你说他，他就耷拉着脑袋，一句话不说，在脑袋里计算着你有没有完，你什么时候能说完，你说完了，他也解放了，到了下次还犯，问题照旧。

有效的亲子沟通，会让父母与孩子之间的关系，也就是亲子关系，变得更和谐。和谐的亲子关系是家庭教育的基础，亲子关系不和谐，父母就无法更好地教育孩子。

几乎所有做父母的都会遇到一个现象：孩子的逆反心理。如果你的孩子现在就有逆反心理，那说明你们的问题现在已经出现了。如果你发现你的孩子现在很听话，没有逆反心理，你也不用沾沾自喜，孩子五六岁没有逆反心理，并不保证七八岁没有，七八岁没有并不保证十二三岁没有，十二三岁没有并不保证十七八岁没有，十七八岁没有并不保证二十多岁没有。

孩子为什么会有逆反心理?

产生逆反心理最直接的原因是父母与孩子的沟通出了问题，父母不知道怎么与孩子沟通，不知道沟通是需要技巧的，更不用说掌握这些技巧了。

有的父母说，我们是爱孩子的，有时候说话是过激了一点，但我们也是为了他好，我们相信他会理解的。冷静地想一想，孩子会理解吗?其实这只是父母的一厢情愿。父母爱孩子天下所有人都相信，只有一个人除外，那就是你的孩子，父母对孩子的爱，不是以父母付出的多少来衡量，而是以孩子的感受来衡量。

一个高中生在一篇作文中写有这样一段话：我感觉爸爸妈妈对我的要求太高了，无论我怎样努力，都达不到他们的要求，他们总是挑剔我、批评我、训斥我、讽刺我、打击我，还说这都是对我的爱，如果他们的爱是这种方式的话，我宁愿不要这种爱。

在亲子关系不和谐的家庭，孩子内心会缺乏安全感。内心没有安全感的孩子就好比大楼没有钢筋，大树没有生机，花草没有水分和养料。孩子内心缺乏能量，将来上学学习成绩大多不太好，不论父母给他买多少参考书，报多少培训班，他的成绩都很难提高，因为对孩子来讲，他缺少的是能量，是安全感，而不是这些课本知识。

父母与孩子有效地沟通，不仅能给孩子安全感，滋润孩子的心理，还能让孩子感受并学习到沟通的技巧。有一个沟通的白金法则，就是你希望别人怎样对待你，你就怎样对待别人。亲子关系也是这样，父母希望孩子怎样对待自己，父母就怎样对待孩子。

其实，父母与孩子的沟通方式，也是在教给孩子沟通的方式。如果父母用打的方式，总是打孩子，那孩子也只会用拳头说话，经常在外面与别人打架。如果父母经常骂孩子，孩子就学会了说脏话。我们看到社会上有些人开口就说脏话，那都是被骂大的。如果父母经常挑剔、讽刺、训斥、指责、否定孩子，那孩子就学会了挑剔别人、指责别人、否定别人，说话不惹人喜欢这样的孩子人人都烦，没有好朋友，有困难别人也不愿意帮他。所以父母与孩子沟通的方式，不仅影响亲子关系，还决定了孩子的人格。

假如父母学会了一套好的沟通方式，用这种方式与孩子沟通，既能满足自己的需求，又能满足孩子的需求，与孩子的关系也很亲密，很和谐，大家都开开心心，那么孩子也学会了父母对他的沟通方式。

孩子学会父母对他的沟通技巧，他不仅会这样与父母沟通，还会用这样的技巧与同学沟通，与老师沟通，以后还会与他的同事沟通，领导沟通，这样孩子的人际关系会很好，不论到哪里人缘都很好，都很受欢迎，这样的孩子将来会有失败的人生吗？

美国著名的成功学家卡耐基，他有一句话：成功，85%是靠人际关系，15%是靠专业知识。所以，父母掌握并运用有效的沟通技巧与孩子沟通，不仅会与孩子的关系更好，让孩子更幸福，还会让孩子在将来的学习上取得更好的成绩，更重要的是，孩子将来的人际关系会更好，人生更成功。

1. 沟通的一个中心——以提升对方的能量为中心

家长与孩子沟通的目的是什么？或许会有很多的回答，但是其中一定有一个很重要的答案，那就是要保持良好和亲密的亲子关系，同时希望孩子会朝家长所希望的方向去行动和改变。

家长平时跟孩子的沟通有没有达成目标？沟通效果跟目标有没有背道而驰呢？沟通到底有没有效果是如何来评估的呢？专家普遍认为，沟通有没有效果不是取决于家长主观的认为，而是取决于孩子的回应。家长跟孩子沟通后，孩子的感觉怎么样？如果感觉很差，说明这个沟通是没有效果的，如果孩子感觉很好，也就是说孩子的能量是提升的，那么这个沟通是有效果的。因为只有当孩子感觉好的时候，才能保持亲密和良好的亲子关系，同时只有当孩子感觉好的时候，孩子才愿意朝家长所希望的方向去行动和改变。

所以沟通有没有效果，取决于孩子的能量有没有被提升。孩子的能量被提升的标准是什么呢？其实很简单，孩子的能量有没有被提升取决于孩子的安全感和成就感有没有被提升。如果孩子在沟通中，安全感和成就感被提升了，那孩子的能量是提升的，反之，孩子的能量是下降的。

家长在沟通的时候具体应该怎么做呢？

第一，要把人和事分开，对人的部分要无条件地接纳和尊重。我们要随时监督自己会不会把孩子的行为通过自己的解读变成评判？评判是把行为上升到的品质和身份的行为，品质和身份是“人”的部分。同时情绪是一种生命的能量。它也是属于人的部分，当孩子有情绪的时候，要无条件地接纳孩子的情绪，因为当一个人有情绪的时候，说教和道理都是苍白无力的。

第二，家长在跟孩子沟通的时候，尽量不要说教。说教是把自己的生命经验强加给孩子，这种生命经验可能有很多好的部分，但同时也会把很多恐惧和偏见强加给了孩子。家长在跟孩子沟通的时候，特别是要求孩子去改变的部分，要学会多问问题，让孩子自己去思考、去做出选择、去行动，这样孩子才会为自己的行动去负责。

第三，家长在跟孩子沟通的时候要注意自己的语气语调和肢体语言。心理学家研究发现，沟通的效果 7% 来自语言文字的部分，38% 来自语气语调，55% 来自肢体语言。所以，非语言部分对沟通的影响效果也非常大。这就要求家长跟孩子沟通的时候，要去留意自己的情绪是不是平和的，语气是不是温和的，眼神是不是带着爱与关心的。如果家长的语气是温和的，眼神是带着爱和关心的，这样的时候，沟通才可能提升孩子的能量。如果家长的语气是粗暴的，眼神是凶狠的，那此时家长其实已经是对“人”，不是对“事”了，这样就降低了孩子的能量，破坏了彼此的关系。这样已经不可能有沟通的效果了。

案例分享

如果你有一个 5 岁的孩子，有一天，他养的小乌龟死了，他很伤心，来到你面前大哭。作为父母，你会怎样跟他沟通呢？

可能很多父母会这样处理，对孩子说：“死了就死了，没有关系，我们再去买一只。”可是孩子肯定说不要。因为在他的心里，他跟这只小乌龟是有感情的。此刻，小乌龟死了，他有一份悲伤在心里，这份悲伤的情绪需要被父母接纳。

正确的做法是先接纳孩子的情绪。父母可以先抱住孩子，对他说：“小乌龟死了，你很难过，爸爸（妈妈）很理解你！”听到父母这么说，他可能会哭得更加厉害，没有关系，哭是可以的，因为有一份悲伤需要被释放。

过了5分钟，他哭完了，接下来你怎么办呢？

可能你会对孩子说："那我们再去买一只吧。"可是孩子可能又说不要。

其实很简单，当孩子哭完后，你就问他："儿子，那现在怎么办呢？"

或许他会说："没事了，我去玩我的小飞机了。"

或许他会说："那我们把它去埋葬了。"

或许他会说："那我们再去买一只。"

孩子的下一步你永远猜不到，重要的是你要用你的身体和语言去接纳他的情绪，同时要通过问话让他自己做选择。

2. 沟通的两大误区

不良的沟通基本上都陷入了两大误区。沟通的第一大误区就是家长为了发泄自己的情绪，忘了沟通的目的是什么。很多时候，孩子的行为激发了家长的情绪，情绪是一种生命能量，很多父母，当有情绪的时候，就会通过批评、指责孩子来释放自己的情绪，当情绪释放以后，自己心里舒服了，可是孩子的能量却被降低了，彼此的关系也被破坏了，而孩子也不会真正地去朝着家长想要的方向去改变。所以很多时候，家长只是纯粹地自动化地发泄情绪而已，却跟沟通的目标背道而驰。

案例分享

如果你今天接到孩子班主任的电话，班主任告诉说：你的孩子今天在上语文课的时候跟同桌说话，被语文老师批评了。希望你能配合老师教育一下孩子。

如果你是这个孩子的家长，你接到老师这个电话的时候，你有什么样的情绪呢？孩子放学回家的时候，你会怎么跟孩子沟通呢？

大部分的家长，在接到老师的告状电话后，会把老师的负面情绪转嫁给自己，当孩子回家的时候，又通过责问、批评把自己的负面情绪转嫁给孩子，这就犯了沟通的第一大误区，为了发泄自己的情绪，忘却了自己的目标是什么。

沟通的第二大误区就是为了证明自己是对的，却忘了自己要什么。

人总是要证明自己是对的，当我们要证明自己是对的时候，就意味着对方错了，当对方被贬低的时候，对方的能量是下降的。这样就影响了彼此的关系。

案例分享

15 年前，我刚结婚。有一天晚上我跟太太在家看电视，当时正在播放我们当地的新闻。突然新闻里出现了一个人，这个人跟我们是同一个镇的，我们两个都认识，然后我太太说这个人是某一个村的，可是我清晰地记得那个人是另外一个村的。所以我坚定地说这个人是另外一个村的。说着说着就引发了我太太的情绪，那天晚上我们吵了一架。

事后，我很后悔，这个人是哪个村的关我们什么事呢？可是我们居然为了她是哪个村的而吵架。在婚姻里，我们很多的冲突是因为彼此要证明自己是对的，却忘了自己要的是一个幸福的婚姻。

再来举一个例子，有一个10岁的孩子，有一天他跟你说他要到下面小区去玩一会。你告诉他快要下雨了，带把雨伞吧。可是他说不会，然后就下去玩了。后来真的下起了大雨，他被淋得湿漉漉地回家，这个时候你的第一句话应该是什么？

大部分家长的第一句话都会说："叫你带雨伞你不带，现在被淋湿了吧！"

孩子这个时候已经受伤了，他最需要的是被关心，可你不仅没有关心他，反而在他的伤口再捅一刀！可是你爱不爱你孩子？你在不在乎跟孩子有良好的关系？我相信你一定是爱孩子的，也一定在乎跟孩子的关系。可是那为什么你还要在他的伤口再捅一刀呢？因为你要证明自己是对的，可是你却忘了自己要什么！

3. 卓越沟通的三个步骤

接下来我们来看看卓越沟通的三个步骤：

第一步，明确自己要什么。

家长在与孩子沟通时，经常陷入的两大误区是：为了发泄情绪而忘了自己的目标是什么；为了证明自己是正确的而忘了自己要什么。亲子沟通的第一目标是要建立良好的亲子关系，第二目标是希望孩子朝着家长想要的方向去行动和改变。所以家长在沟通的时候一定要聚焦在自己的目标上。

第二步，站在不同的位置去换位体验。

沟通的一个中心是提升对方的能量，那家长如何知道孩子的能量是否被提升了呢？家长要站在孩子的位置去换位体验，去感觉能量有没有提升。

那么如何去换位呢？我们可以从以下位置去换位：

第一位置：

①结合自己的观点、假设、信念。

②用自己的眼睛、耳朵、感觉，去看、听及感受世界。

③用“第一位置”（我）谈论自己。

第二位置：

①结合对方的观点、假设、信念。

②用对方的眼睛、耳朵、感觉，去看、听及感受世界。

③用“第二位置”（你）谈论自己。

第三位置：

①在“第三位置”（他，她，他们，她们）去看、去听。中立，无情绪。

②自己踏入“观察者”或“见证者”的位置。

③用“第三位置”说话。

第四位置：

①结合整个系统的角度。

②用“第一众数”（我们）说话。

③产生“群体思维”或“团队精神”的全面角度。

④体验及了解群体和团队的利益整体平衡。

晏子数罪

春秋战国时期，齐国的齐景公特别喜欢鸟。有一次他得到了一只漂亮的鸟，就派一个叫烛邹的大臣专门负责养这只鸟。可是几天后，那只鸟飞跑了。齐景公气坏了，要亲手杀死烛邹。当时齐国的臣相叫晏子，晏子是一个非常有智慧的大臣，他站在一旁请求齐王说："是不是先让我宣布烛邹的罪状，然后您再杀了他，让他死得明白。"齐景公答应了。

晏子板着脸，严厉地对被捆绑起来的烛邹说："你犯了死罪，罪状有三条：你把大王最喜欢的鸟弄丢了，让大王很生气，这是第一条。大王因为你弄丢了一只鸟而杀了一个大臣，这会让朝廷的其他大臣耻笑大王，这是第二条。大王因为你弄丢了一只鸟而杀了一个大臣，这件事情传出去会让天下的百姓耻笑我们的大王，这是第三条。"说完，晏子回身对齐景公说："大王，请您下令吧。"

听了晏子的一番话，齐景公明白了晏子的意思。他干咳了一声，说："算了，把他放了吧。"接着，走到晏子面前，拱手说："若不是您的开导，我险些犯了大错误呀！"这就是晏子用自己的智慧规劝国君的故事。

在晏子数罪的典故里，晏子运用了换位思考的方式，让齐景公站在自己的位置、站在大臣的位置、站在天下百姓的位置去体验，从而最终做出了正确的决定。

案例分享

我儿子在读小学一年级的时候，有一次在上课的时候他的同桌跟他说话被老师发现了，老师批评了他们两个。儿子回到家，哭着向我诉说这件事，他觉得是同桌先来跟他说话的，而老师冤枉了他。

我先接纳了他的情绪："你很委屈，爸爸很理解你！"

当他情绪有点恢复后，我问他："如果你是老师，看到两个同学在说话，你有什么样的感受？"

他说："那我一定会很生气。"

我说："是呀，老师一定会认为学生不尊重老师。如果很多同学在上课时都讲话，课堂纪律就很差。如果你是学校的校长，刚好从你们班级走过，看到课堂纪律很差，你有什么样的感受呀？"

他想了想说："那我会认为这个老师水平不高呀。"

我说："是呀，所以作为老师，她也会有很多的担心。现在你能理解老师了吗？"

他似乎明白了什么，说："现在我能理解老师了，我现在感觉好多了。"

第三步，以一致性的方式去表达。

家长在跟孩子沟通的时候，可能会出现以下两种情形：第一种情形是当孩子有情绪的时候，家长要做的就是倾听、接纳。第二种情形就是当家长自己有情绪的时候，这个时候家长一定要注意，不然很可能会通过指责、批评的方式来发泄自己的情绪。当家长自己有情绪的时候，就要通过不一样的方式来表达自己的情绪、想法和期待。

首先我们来看看，当孩子有情绪的时候，如何倾听和接纳。

当孩子有情绪的时候，作为父母首先要允许孩子可以有情绪，这样可以让孩子觉得在父母面前有情绪也是安全的。同时，作为父母不要因为孩子的情绪而激发了自己的情绪。带着爱、带着关心去接纳孩子的情绪，去倾听孩子内心的想法。父母倾听孩子讲话时不仅仅要用耳朵听，更重要的是要用心去听，要设身处地去感受，不但要听懂孩子通过语言、行为表达出来的东西，还要听出孩子在交谈中故意隐瞒的内容。

父母在倾听孩子讲话时要目视孩子，从眼神、语言、表情和身体姿态各方面对孩子充满关注和期待，并对孩子的讲话及时作出反应。如果孩子情绪比较强烈，可以握着孩子的手或者拥抱着孩子。当孩子停顿下来的时候，父母要学会等待，适时用温和的问话去鼓励孩子继续说下去。比如问孩子“后来怎么样呢?”“这个时候你有什么感觉呢?”“你是不是有点委屈?”“你对自己有什么期待呢?”“你希望妈妈怎么帮你呢?”等。

当孩子有情绪的时候，父母要对孩子的情绪给予回应，回应的方法就是积极倾听的技巧。也就是说，当孩子有问题的时候，做父母的要积极倾听。积极倾听不是简单地听，是要听懂孩子的情绪，并积极回应孩子的情绪，让孩子感到他的话你听懂了，你理解了，只有这样他才能感觉到跟你说话能够被关注、被接纳，才能有安全感。

案例分享

我儿子读小学四年级的时候，有一天中午他排队去食堂吃饭，因为有个别同学不遵守纪律，老师罚了全班晚吃饭半小时。晚上回家，儿子很有情绪，他说：“老爸，学校一点儿都没有意思，我不想读书了。”孩子这样说，只是在表达一种委屈的情绪，并不是真的不想读书了。

我说：“你看上去有点委屈，今天是不是被冤枉了?”我这样说的时候，儿子立刻会感到他被理解了，他的情绪被接纳了。

儿子说：“我们老师可无聊了。因为个别人不遵守纪律，罚我们全班晚吃饭半小时。”

我说：“个别人犯错，罚全班，你觉得不公平？”

他说：“是的。”

我说：“你觉得很委屈，爸爸很理解你。如果以后再有这种事情发生，除了你自己生气，还有什么更好的方法吗？”

他想了一会儿说：“我可以好好跟老师去沟通一下。”

我说：“除了好好跟老师沟通，还有呢？”

他说：“跟我们班不遵守纪律的同学好好沟通。”

我说：“是呀，爸爸相信你可以做到的。”

他似乎找到了一种力量，一下子开心起来了。

其次，当我们有情绪的时候，要用“我信息”的方式来沟通。

很多时候，当家长自己有情绪的时候，就会用“你信息”来发泄情绪，用“你”开头的时候，大部分家长就会将一个手指头伸出去，变成了指责。指责就降低了孩子的能量，破坏了彼此的关系。一致性的沟通就是运用“我信息”来沟通。

“我信息”的沟通分为以下几个步骤：

第一，对不可接受行为的描述，这里是描述孩子的具体行为，不是对孩子的评价。“你光着脚在地板上走”这就是对孩子具体行为的描述，不加任何评价。

第二，说出我的感受是什么，感受是自己的感受，它是中性的，没有指责，即使说“我很生气”，也仅仅是说自己的一种情绪，而没有说对方不好。情绪是一种能量，如果不表达出来，可能会直接指责，可能会压抑，但压抑的情绪积累到一定程度总会爆发的。

第三，说出我的想法是什么，为什么我有这样的想法。

第四，说出我的期待是什么，每一个感受的背后都有一个期待。

案例分享

如果你有一个10岁的孩子，有一天，他在家里踢足球。你很担心他会踢到电视机，这个时候你会怎样去跟孩子沟通呢？

如果是传统的沟通方式，当我们有情绪的时候，就可能直接用“你信息”进行指责：你怎么这么调皮！你会踢到电视机的，你给我到楼下去踢，这个时候孩子的能量是下降的，即使他到小区去踢球了，但是他心里是不开心的。

如果利用一致性的“我信息”则应该是这样沟通的：“儿子，你在家里踢球（行为描述），妈妈很担心（我的感受），妈妈担心你会踢到电视机（我的想法），妈妈希望你能到楼下去踢，好吗？（我的期待）”

当这样用一致性的“我信息”去沟通的时候，孩子的感觉是比较好的。当他感觉好的时候，就愿意去改变。

本节阅读体会

后　记

五年前，当我第一次开展“智慧父母工作坊”课程的时候，我就有个想法，把我对教育孩子的心得写成一本书，让更多的父母能够受益，可是一直没有动笔，或许从深层次来讲，我还没有准备好。

今天，当我写完最后一个字的时候，内心有一份激动，而更多的是一份感动。

我要感谢儿子浩浩，在他还很小的时候，我工作很忙，所以跟他在一起相处的时间比较少。但是从幼儿园大班开始到今年，这将近十年的时间，我一直陪着他长大。感谢他带给我太多的快乐和希望，同时也感谢他给了我把心理学理论在他身上实践的机会。我还要感谢我的太太，谢谢她对我的接纳、包容和支持，让我在爱中学会成长。

在这十多年来，我参加了很多课程，在这些课程里我积累了很多的心理教学经验。在这里我要感谢约翰·贝曼博士和沈明莹博士，跟着两位老师两年多的时间，我学习了萨提亚专业的治疗师课程。我还要感谢张国维博士，通过学习张博士的亲子教育课程，为我学习心理学开启了一扇重要的窗。感谢戴志强老师，在戴老师的课程里我学会了如何问问题。

我还要感谢周煊老师，通过她的“好家长成就好孩子”课堂，我把亲子教育的理念做了更系统的整合。我还要感谢生命中更早期的培训启蒙老师，他们是：杨思卓老师、刘继芳老师、丁兆杰老师、从新老师、林伟贤老师、徐敬东老师、曹子策老师……谢谢所有我生命中的老师，在我生命的不同阶段，给予我丰富的精神食粮！

从2010年开始到现在，我一共开了近二十期“智慧父母工作坊”课程，以及近百场《智慧父母》的讲座，感谢走进我生命的每一个学员，谢谢你们对我的信任！

最后我还要感谢此刻的你，谢谢你选择了这本书，谢谢你走进我的生命！

童诗博

2016年5月13日